直播

从入门到精通

{ 品牌规划 + 流量营销 + 口播模板 }

销售

刘凯 马睿姝 陈丽君 焦玉豹 著

中国铁道出版社有限公司

CHINA RAILWAY PUBLISHING HOUSE CO., LTD.

图书在版编目（CIP）数据

直播销售从入门到精通：品牌规划＋流量营销＋
口播模板／焦玉豹等著．—北京：中国铁道出版社
有限公司，2021.6
ISBN 978-7-113-27810-6

Ⅰ．①直… Ⅱ．①焦… Ⅲ．①网络营销 Ⅳ．
① F713.365.2

中国版本图书馆 CIP 数据核字（2021）第 043815 号

书　　　名：直播销售从入门到精通：品牌规划＋流量营销＋口播模板
　　　　　　ZHIBO XIAOSHOU CONG RUMEN DAO JINGTONG: PINPAI GUIHUA+LIULIANG YINGXIAO+KOUBO MUBAN
作　　　者：焦玉豹　陈丽君　马睿姝　刘凯

责任编辑：吕　芟　　　编辑部电话：（010）51873035　　　邮箱：181729035@qq.com
封面设计：宿　萌
责任校对：焦桂荣
责任印制：赵星辰

出版发行：中国铁道出版社有限公司（100054，北京市西城区右安门西街 8 号）
印　　刷：北京铭成印刷有限公司
版　　次：2021 年 6 月第 1 版　　2021 年 6 月第 1 次印刷
开　　本：700 mm×1 000 mm 1/16　印张：13.5　字数：154 千
书　　号：ISBN 978-7-113-27810-6
定　　价：58.00 元

前言

　　随着社会的发展，网络直播也越来越普及。中国互联网络信息中心发布的《中国互联网络发展状况统计报告》显示，截至2019年上半年，我国网民规模达8.54亿人，其中网络直播用户已超过4亿人。

　　在网络直播发展火热的当下，销售方式迎来发展的新机遇，直播销售也因此快速发展。开展直播销售的门槛低，销售方式也十分接地气，同时直播销售能够为消费者提供更好的购物体验，因此其能够极大地促进商品销量的提升。因此，越来越多的线下商家和线上商家都开始做起了直播销售。

　　那么，普通销售员应该如何转型做好网络直播销售呢？如何吸引更多的粉丝关注？如何运营及留存粉丝？如何提高直播间商品的销量？这些都是本书主要解决的问题。

　　首先，在进行直播之前，主播要做好直播的宣传预热，确保直播在开始前能够吸引更多消费者的目光。其次，为了达到更好的直播效果，主播需要提前规划好直播的内容，包括规划选题、制定直播剧本等，同时在进行内容规划时，主播要时刻以商品为出发点。

　　在直播销售中商品是主体，因此主播需要掌握商品展示的技巧。在展示商品前，主播需要做好前期准备工作；在展示商品时，主播要抓住消费者的需求，以商品为出发点讲清楚商品的优势及特点。同时，主播要把握商品展示结束的时机，以便激发消费者的购物热情。此外，在消费者下单的环节中，主播还要掌握必要的报价技巧和交流技巧以使促成消费者快速下单。

　　为了提高商品的销售额，主播有必要学习各种促销法则，纪念日促销、借势促销、限定式促销等都是十分有效的促销方法。同时，主播也可以通过福利派送、抽奖等方式刺激消费者快速下单。

　　主播进行直播销售针对的主体是粉丝，因此主播必须要深挖粉丝需求，并在直播中满足粉丝的需求。同时，主播的个人表现力也是拉动销售量增长的有效手段，主播可以通过提升自己的表现力与亲和力来更好地展现自己的形象。

主播进行直播销售并不是一时的。为了实现销售额的持续增长，主播需要与粉丝建立信任关系，提升粉丝对自己的忠诚度。同时，主播也可以通过建立社群来实现流量的二次利用。社群是主播运营粉丝的有效手段和主要阵地，通过社群运营，主播可以激发粉丝的活跃性，社群的裂变也能够为主播带来更多的粉丝。这些都有利于主播直播间的商品销售额的持续增长。

在直播销售行业火热发展的当下，越来越多的人进入直播销售行业中，主播如何在激烈的竞争中聚焦粉丝的目光？答案就是主播需要通过自身的影响力来吸引粉丝，留存粉丝。要做到这一点，主播打造个人品牌就变得十分重要了。

在打造个人品牌时，主播首先需要找准自己的定位，为自己贴上差异化的标签。同时，商品的质量、主播的专业性等都是主播在建立个人品牌时不可缺少的重要内容。在打造个人品牌的同时，主播更要重视个人品牌的营销，只有让更多的人了解主播，主播的个人品牌打造才是成功的。

直播销售是提升销售额的利器。在销售手段日益多元化的今天，普通销售员也应该把握好直播销售这一有力武器，只有这样才能够在营销的大军中脱颖而出，让业绩扶摇直上。本书从直播销售的多个角度出发，为主播讲述如何更好地通过直播销售来提升销售业绩，以及为主播从直播新手到直播高手提供有效的方法论指导。

目　录

第1章　人人都可以转行做直播销售

第2章　宣传预热: 让直播吸引更多人的目光

第3章 | 内容规划：直播销售也要别出心裁

第8章　｜　福利营销：外部刺激加快下单速度

第9章　｜　挖掘需求：瞄准粉丝痛点

第10章 | 沟通技巧：个人表现力拉动商品销量

第11章 | 互动体验：与粉丝建立信任关系

第12章 | 建立社群：流量二次利用

第13章 | 品牌定位：塑造个人品牌影响力

第 1 章 ———————————————

人人都可以转行做直播销售

    随着互联网的发展，直播销售行业也越来越火热，直播销售成为提高销售额的有力武器。在这种形势下，越来越多的普通销售员注意到了直播销售的优势，开始转行做直播销售。

    直播销售的门槛低，无论是实体店商家还是线上商家都可以做直播销售。同时，直播销售的销售方式十分接地气，销售效果也十分显著，直播销售可以实现主播一对多地推销商品，能够大幅度提高商品销量。

1.1 直播销售，销售额暴涨的秘诀

"电商+直播"已经成为网络时代的标配，其改变了传统的销售模式。面对广大的用户群体，主播通过直播的形式来推销商品，这样既能够为主播吸引更多流量，同时也能够有效刺激商品销售，从而拉动商品销售额的增长。

1.1.1 电商+直播，网络时代的标配

2019年3月，熊猫直播的破产让大众感觉直播行业似乎走到了生命尽头。正当人们认为直播行业已经无力回天、互联网凛冬将至时，淘宝打破行业界限，推出淘宝直播，以"电商+直播"的销售方式脱颖而出，为直播行业以及电商行业同时注入了新的生命力。电商行业告别疲惫期，迎来发展的新机遇。

如今直播已经成为推动电商发展的新动力，"电商+直播"呈现出的极强爆发力，即将促成一个千亿级市场。

被称为"口红一哥"的主播李佳琦，创造出了5分钟售出15 000支口红的销售神话；被誉为"淘宝第一主播"的主播薇娅在2020年"双十一"期间，仅用了两小时就实现了53.2亿元的销售额。直播销售已经成为电商销售的必备武器。

"电商+直播"到底是什么？它是电商与直播的结合，即电商商家借助直播推销商品，通过真人展示商品实际使用场景，实现消费者对商品的间接体验，增加消费者对商品的认知，从而促使消费者购买商品。

"电商+直播"与传统直播不同，在传统直播中主播只是靠着粉丝的打赏以及礼物赚取一定的报酬，而在"电商+直播"中，主播则是商品的展示者，其主

要任务是销售商品。

"电商+直播"在某种程度上改变了消费者在网购时对商品看不见、摸不到的状况。相比于商品介绍简述中的商品信息和图片，或商家拍摄的宣传视频，主播在实际使用商品时的反应、表情、体验和评价更能让消费者信赖，而且消费者在观看主播使用商品时可以清晰地看到商品的使用效果，这在一定程度上降低了消费者的试错成本，让更多消费者接受直播销售这种形式。

电商直播有哪些人在看？

淘宝直播报告显示，从地域分布来看，淘宝直播的用户在一、二线城市的较多，五、六线城市中的用户数量也呈上升趋势；从性别划分上看，淘宝直播的用户多为女性，女性用户占总体用户的87%；从时长上看，淘宝直播的核心用户黏性较高，平均每日在淘宝直播停留时间接近1小时。由此可见，"电商+直播"在消费者中的渗透率正逐渐提升，直播已经成为商家重要的销售方式之一。

今后5G技术以及VR（虚拟现实）技术的发展将会促使"电商+直播"迅猛发展，直播销售的广度和深度都会进一步扩大。同时，这两项技术的发展也会提升消费者与主播的互动性，既有利于主播推广商品，又有利于消费者了解商品。

"电商+直播"的发展前景一片大好。2019年，淘宝打造了10个亿级线下市场及200个销售额过亿元的直播间，同时，其还吸收了更多主播入驻平台，培养出了很多人气IP。除淘宝外，各大电商也抓住了这一重大机遇积极发展自身。例如，亚马逊于2019年2月推出了具有直播和视频播放功能的Amazon Live。

"电商+直播"是直播转型的体现。在这之前直播就已经实现了与其他行业的结合，教育直播与电竞直播就是直播与其他行业相结合的重要表现，而如今火热的电商直播是直播行业的新的发展方向。直播与电商的结合更能彰显直播的价值，电商平台之所以会选择与直播相结合就是因为其看到了直播背后的流量价值，直播是辅助商家销售的工具，能够为电商平台带来了更多的流量，实现了销售额的提升。

1.1.2　流量是销量暴增的秘密

对直播销售来说，流量是销量的决定因素，流量暴增在一定程度上意味着销量暴增。有的主播仅在几小时的直播中就实现了上万元的销售额，但也有的主播在直播中并没有人气，甚至销售不出商品。那么，主播应如何有效地利用直播获取大量的流量？这需要主播做到如图1-1所示的几个方面。

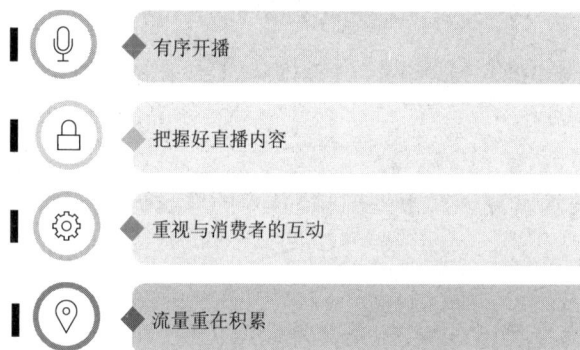

有序开播

把握好直播内容

重视与消费者的互动

流量重在积累

图1-1　主播如何获取流量

1. 有序开播

以淘宝直播间为例，淘宝直播间开播前期的流量是由主播自身的粉丝和系统匹配的消费者组成的。系统匹配方面主播无法改变，那么，主播就要从自身的粉丝方面着手提升流量，这样一来发布直播预告，让粉丝知道主播要直播这件事就显得尤为重要。

同时,主播也要认真研究直播的标签与标题,什么样的标签与标题能吸引更多人关注是主播需要思考的重要问题。主播想要将直播做好,标签定位就一定要准确。此外,还要考虑直播时长,在开设直播的前期阶段,直播时长控制在3~5小时比较合适。除了直播时长,主播还要根据商品的类别选择合适的开播时段,以追求开播流量最大化,逐渐形成自己独特的直播标签。

2. 把握好直播内容

很多主播认为直播间流量低是因为平台没有给予流量,其实不然,平台会在直播间建立之初给予主播一些流量支持,直播内容是平台决定给予多少流量的重要因素,因此主播一定要把握好直播的内容。直播内容的有效性主要通过转粉率来体现,转粉率越高,平台给予的曝光度也越高。

3. 重视与消费者的互动

商品是吸引消费者进入直播间的主要因素,消费者进入直播间代表他们对商品产生了需求。在观看直播的过程中,消费者可能会对主播的介绍产生疑问,或者询问商品的细节问题等。这时,主播一定要尽可能地为消费者答疑解惑。同时,在直播的过程中,主播需要通过提问、抽奖等方式来增加与消费者之间的互动。

4. 流量重在积累

万事开头难,直播销售也是如此。直播前期流量低、粉丝少、销售额不高都是正常现象。主播要做的就是沉下心来,不断优化直播内容、做好直播宣传推广,慢慢积累粉丝。主播积累的粉丝越多,对销售额的提升越有利。

另外,在增加流量方面,主播还需要注意以下一些小细节。

(1)消费者并不会一直盯着画面看,大部分时间他们是在听,因此话筒收音效果格外重要。

（2）除那些单价比较高，或者需要一对一服务的商品需要8小时的直播时长外，其他类型商品加长直播时间对增加流量来说并不会产生太大效果。

（3）运营直播间和运营线下门店的思维有互通之处。当流量较少时，主播不妨想想，是不是直播间的"门面"即封面出了问题。

（4）主播可以考虑直接在店内展示本期直播节目单，从店内引流。

（5）过于强调让消费者关注，会产生适得其反的效果。

（6）秒杀、抽奖、特价等活动不能作为主播吸引流量的主要方法，这种方法吸引得到的流量的忠诚度是十分低的。

（7）商品才是直播的核心，主播要保证商品的质量。

（8）主播要善于利用各种社群，老客复看很重要。

（9）反问消费者问题可以帮助主播更好地了解消费者想要知道什么。

（10）直播销售也要讲究方式，主播不要生硬地推销商品，融入一点小剧情或小表演，会有不错的效果。

（11）主播可以适当做一下VIP专场，对铁杆粉丝进行一对一服务。粉丝如果能享受到特权，就会觉得自己受到了重视，自然也会对主播有更多的好感。

（12）主播可以与其他主播联动。这不仅可以降低直播成本，还可以实现主播之间的相互导粉，获得新流量。

除了这些小技巧，主播也要善于利用微博、微信等各大社交平台引流。流量的增多会推动销售量的暴涨。因此，除了做好直播内容，主播也要做好直播的宣传推广。

1.1.3　线下销量不佳，转直播活动后成交8 000单

在济南泺口鞋城二楼聚集着大量的批发商，这里的批发商和传统的批发商不同，他们没有把商品放在货架上，而是把鞋子整齐地摆放在地面上，通过直播进行销售。

"咱们这款长靴里面是加绒的，只要99块钱，比外面便宜了一半不止……"作为直播销售大军中的一员，每天上午9点到12点，下午2点到6点，杨鹏都会在直播间销售他的商品。

2007年，杨鹏辞去理发师的工作，离开老家来到泺口开店，主要经营衣服、鞋子的批发和零售，其客户也主要局限在山东周边。杨鹏回忆，最开始店里生意也不错，每天能有二三十个客户进店，每人平均订四五十双鞋，一天能有上千的销量。

然而店铺生意并没有持续红火下去，受电商的冲击，店里销售额逐渐下降。杨鹏曾尝试着跟紧时代的脚步开了一家淘宝店，可惜效果并不是很好。2015年随着电商市场的飞速发展，实体市场流量越来越少，店铺销售额大幅度下降，此时的杨鹏觉得前景一片黑暗，甚至想换个行业试试。

后来，杨鹏偶然看到有些同行转到快手上做起了电商，于是自己也想尝试一下。最开始做直播时杨鹏非常紧张，他既不好意思露脸，又不知道该说什么才好。在刚开播的几个月，杨鹏每天直播6小时，嗓子都说哑了，但是销量并不理想，一天只能卖几双鞋，有时甚至连一双都卖不出去，即使在"双十一"期间，杨鹏也只卖出了十几双鞋子。

因为粉丝少、流量少，在最初的直播中杨鹏觉得十分煎熬，但是杨鹏对这种新型销售模式十分有信心。他觉得这样的销售方式对消费者来说是有利的。原来他店里的鞋都是批发给其他鞋店，鞋店再加价卖给消费者。现在消费者可以直接从他这里按

批发价购买商品。

在信念的驱使下，杨鹏咬牙坚持了下去，到2019年春节，出现了转机。在年后的直播中，杨鹏明显觉到流量有了增长，他拍的一个关于鞋子的短视频让他涨了2万粉丝。

2019年11月，在快手电商节中，杨鹏成交了8 000单，这是他原来不敢想象的数字。随着店铺人气越来越高，杨鹏又招聘了两名主播，即使这样，杨鹏每天还是很累，店里的销售量节节攀升，有时一天能成交5 000多单。

直播销售为杨鹏带来了新的销售机遇，通过做直播销售，杨鹏打破了线下销量不佳的瓶颈，实现了销售量的大幅提升。而对其他线下商家而言，也可以通过直播销售这种新的销售方式来弥补线下销售方式的缺陷，直播销售是提高销量的有效手段。

1.1.4　市场缺口："双十一"诞生过33个过亿直播间

"双十一"的销售额每年都有新纪录产生，而2020年的"双十一"最终以4 892亿元的成果宣布落幕，其中，淘宝直播诞生过33个过亿直播间。

2020年的"双十一"有更多的商家选择了直播销售这种新的销售模式，"全民直播"时代即将到来。在带货明星、主播带货、各种购物节层出不穷的时代，直播即将改变销售界的发展路径。

淘宝优秀的成绩有10％都是由直播促成的。阿里巴巴官方数据显示，2020"双十一"在刚开始的1小时内，由直播促成的成交量就已经超过去年"双十一"全天的成交量。9小时内，淘宝直播成交额达上百亿元，有超过50％的商家的销售额通过直播实现了大幅度上涨。

据阿里财报统计，2019年由直播产生的销售额达千亿元。其中，有十多个直播间实现上亿元成交量，家庭装修装饰以及消费电子行业在直播的影响下成交同比增长超过4倍。

如今的淘宝直播已经彻底打破了只有网红才能做主播的传统认知。阿里巴巴统计数据显示，"双十一"预售期间，品牌直播场次同比翻倍，有上百家企业都派出了企业高管亲自上阵带货。

家电、汽车行业也纷纷加入直播销售的热潮之中，如沃尔沃等汽车品牌在"双十一"期间都纷纷做起了直播销售。一时之间，上千家汽车4S店开始直播，线下店的金牌导购全都转型为淘宝主播。

2019年"双十一"的热词除李佳琦和薇娅外，还出现了"村播"一词，二十多位县长带领1.5万名村民进入直播间销售当地特产，直接从农民手中购买农产品也让消费者买得更放心，在"双十一"短短10天的预售期内，农民主播卖出了3万吨农产品。

另外，之前一直遭受冷落的商家自主直播销售，即在业内称为"自播"的形式，也在2019年的"双十一"迎来曙光。自播这种形式其实已经存在了一年多，但是过去各个电商平台并未给予商家自播足够的扶持，加上直播行业已经形成了一定的门槛，商家需要投入更多的资本，而且直播能否达到预期的成效也很难确定，这一个又一个的难题使得自播未在直播销售行业内形成较强趋势。

在2019年的"双十一"期间，天猫增强了对商家自播的扶助，"排行榜""赛马"等竞争活动都是为了鼓励商家通过自播的形式加入直播销售行列。

商家自播可以帮助商家更全面地展示商品，使消费者能接收到更多的商品信息。另外，直播实现的与网购消费者的实时交互也能提高消费者的消费体验，消费者也更愿意消费，从而实现商家销售额的提升。在直播红利还在以强劲的势头释放的当下，一定会有更多的商家进入直播销售行业，自播销售也将会成为一种销售新趋势。

淘宝直播这种创新性销售模式所展现的惊人的爆发力已经引起了全社会的关注。直播销售实现了消费者在淘宝上的停留时间的进一步加长，完善了淘宝、天猫等电商平台的市场结构。

1.2 人人都可做直播销售

直播销售的门槛低，人人都可以做直播销售。淘宝商家可以在淘宝开通直播，线下实体店商家转到线上做直播销售也十分容易。直播销售可以实现主播在线上销售时与消费者的实时互动，能够给消费者带来更好的购物体验，让消费者边看边买。同时，直播销售也改变了传统线下一对一的销售模式，主播在直播中的时间利用率更高。

1.2.1 互动体验，实现边看边买

直播销售变革了传统的电商销售模式，能够给予消费者更好的购物体验，从而有效地提高商品的销量。那么，相对于直播销售而言，传统电商在销售方面有什么劣势？具体分析如下。

劣势一：消费者对商品的了解一般是基于从互联网上获取的信息，但他们对于商品的信息总是获取得不够详细。对于许多商品，比如服装、电器、化妆品等，消费者都需要经过全面地了解，才能判断自己是否需要这件商品。

劣势二：电商的出现使得越来越多的消费者足不出户就能够买到让自己满意的商品，但同时也缺少了在购买商品过程中的与人沟通的乐趣。

现在,直播销售的出现恰好解决了这两大难题。

一方面,在观看直播的时候,消费者可以通过主播对商品的介绍以及对商品的体验来获取自己所要的信息,而且主播也会通过直播互动来告诉消费者商品的使用感受,进一步增加消费者的临场感。

另一方面,区别于传统电视购物的"我说你听"的模式,直播销售采用的是实时互动的模式,消费者可以通过发送弹幕和主播进行实时互动,同时消费者还可以通过弹幕与其他消费者进行互动交流,这与传统的线上购物有着很大的区别。

那么,对主播来说,直播销售的销售模式有哪些好处?

首先,主播可以更加全面地展示商品。此前,商家一般是用图片加文字信息的方式来让消费者了解商品,而通过直播销售,主播可以更加详细地介绍商品,可以使消费者更加直观、全面地了解商品,这能够在很大程度上刺激消费者的购物行为,从而提高商品的销量。

其次,在传统的线上购物模式中,通常消费者在购买商品之前会询问客服商品细节,在人多的时候可能会对客服系统造成很大的压力。通过直播销售,主播能够随时为众多的消费者答疑解惑,让消费者进一步了解商品,这样能够有效提高消费者下单的效率。

最后,直播销售也十分有利于提升粉丝的黏性。在直播销售过程中,主播除了可以全方位地展示商品,还会同时展示出自己的直播特色,比如主播有丰富的专业知识、讲话十分风趣幽默等,主播的这些风格都可以通过直播销售传递给消费者。主播的个人魅力会吸引更多的消费者前来购买商品。

直播销售能够实现主播与消费者的实时互动,使消费者能够实现边看边买。实时互动的直播销售提升了消费者的互动体验,而消费者的边看边买行为也有效提高了直播间商品的销量。

1.2.2　线下转线上, 其实很容易

随着直播销售的火热发展, 一些线下商家开始入驻淘宝直播进行直播销售。这些人有做主播的优势, 为人热情, 表达能力也不错, 具有商品专业知识同时又有充足的货源。淘宝直播有关负责人表示, 目前进行直播销售的线下商家遍布全国一百多个城市, 这些直播销售商家集中在广州、义乌、深圳、杭州等城市。

在江苏常熟的一座服装城里, 线下商家直播销售的人均成交量最高达到了每日21万元。2010年就在常熟服装城开店, 人称"老板娘里的薇娅"的黄小敏, 在经营了9年的线下服装店后于2018年入驻淘宝直播, 并于2019年顺势开了一家叫"黄小敏精选"的淘宝店。

黄小敏虽然做主播的时间不长, 但是她在销售服装方面的经验十分丰富, 因此她很快就获得了18万粉丝。黄小敏在一次淘宝直播活动中的销售额达到了255万元, 是她之前线下销售额的几十倍。

在杭州四季青服装市场, 夏天来市场下订单的人没有几个, 市场显得有些冷清, 而各线下商家开设的淘宝直播间的订单则比线下店铺多出数十倍, 个别款式的大衣甚至瞬间能卖出数百件。

目前, 杭州四季青服装市场在线上直播的销售额已经达到了线下销售的40倍。每年的7~8月份原本是服装的销售淡季, 但各商家借助直播销售实现了销售额的大幅提升, 同时服装店一年四季都有稳定的客流量, 并没有淡季一说。

淘宝统计数据显示, 现在线下商家直播开设的直播间的内容分享次数和关注订阅率都是比较高的。这是因为相比传统的电商销售, 直播销售更具可看性, 同时主播具有一手货源, 商品的价格更低, 这使得这些主播更容易吸引消费

者关注。

除了线下商家，淘宝直播也给许多店铺内的穿版模特带来了更多机遇，现在有很多穿版模特通过入驻直播增加了自身收入，其中很多还成了专业主播。

茜茜和小权是杭州四季青服装市场的穿版模特，现在她们已经是十分受欢迎的淘宝主播。四季青的店铺每天4点半开门，她俩每天从凌晨4点半开始工作，在转型做淘宝主播后也没有改变工作时间。而令她们惊讶的是，即使两个人在凌晨四五点开播也依旧有一大波人在直播间等着她们试衣卖衣。

2018年6月，茜茜和小权就以"蜜桃小资"的组合入驻了淘宝直播，仅开播半个月就吸引了几十万名粉丝关注。在其进行直播销售的第一个月内，平均每天的销售额超过了30万元。

常熟服装市场及杭州四季青服装市场线下商家的转型并不是个例。义乌的家电市场、拉萨的配饰档口、广州的玉器档口等众多线下市场的商家都纷纷转到线上，线下商家转到线上做直播销售已成趋势。

1.2.3　一对多，直播销售的时间利用率更高

在商品销售的过程中，主播能够比线下商家发挥更大的价值。线下商家只能一对一地对消费者进行销售，而主播却可以同时对多名消费者销售商品。

随着直播销售的兴起，直播销售已经成为传统销售行业的转型方向。在此前，很多线下商家并不看好直播销售，但是现在已经有越来越多的线下商家意识到了直播销售的重要意义。

2018年，淘宝直播全年成交总额超过1 000亿元，同时，2018年仅通过直播销售达到5 000万元销售额的淘宝店铺已经有84家。此外，截至2019年年末，淘宝直播的销售额每年都在大幅增长，2019年淘宝直播全年成交额达

到2 000亿元。

上午9点，线下服装店商家莹莹如往常一般进入了自己的淘宝直播间开始进行服装销售。虽然有将近10万名消费者在观看她的销售直播，但是莹莹并不觉得有压力。她按照直播的流程规划分别向消费者展示了二十余件服装，每一件都会获得几千件的销量。

在莹莹没有做直播销售之前，她每天在店里为每一位陆续进店的消费者介绍服装，每天的销量仅为百余件。在进行直播销售时，莹莹可以对着众多的消费者介绍商品，而这也是她在直播销售时商品销量高的关键原因。

主播直播销售与传统线下销售的区别在于前者是一对多，同时面向上百、上千甚至上万名消费者推销商品，后者是一对一地与消费者进行面谈，而且是否能够成功成交也很难保证。由此可见，直播销售对工作时间的利用率更高，面对的消费者基数更大，成交率也有一定的保证。

第 2 章 ————————————————————

宣传预热：让直播吸引更多人的目光

为了使直播销售被更多的人看到，从而有效地提高商品的销售额，主播在开始直播前做好宣传预热是十分有必要的。主播可以通过自有平台和其他社交平台进行多渠道的宣传预热，同时，主播还需要使用不同的"吊足胃口"的宣传方式来进行直播预热。此外，主播也需要在粉丝群中提前发布直播信息，并可以用邀请有礼、拼团等方式让老粉丝带动新粉丝。

2.1 多样的宣传渠道

对直播销售而言，想要提高销量首先要做到的就是吸引消费者关注，宣传是吸引消费者关注的第一步。主播想要做好宣传就要充分利用各种宣传渠道，无论是自有平台还是其他社交平台，都能够起到很好的宣传推广的作用。

2.1.1 自有平台

自有平台主要包括自家官方网站，自家微信公众号或官方微博以及自家微信群、QQ群3类，如图2-1所示。

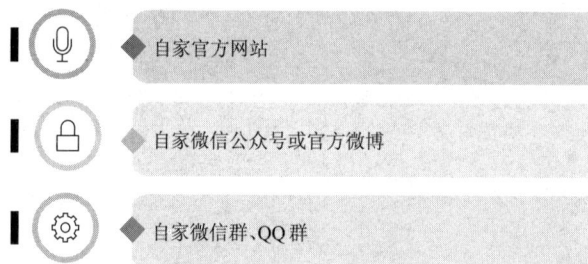

图2-1 自有平台的种类

1. 自家官方网站

主播可以将直播的宣传图片或视频放在自家官方网站的醒目位置进行宣传。除了醒目位置的重点宣传，主播还可以在专题或官方网站的其他位置放上带有超链接的宣传图片。当然，宣传的方式不只局限于图片和视频，软文和互动小游戏也是实现引流的有效方法。

2. 自家微信公众号或官方微博

微信的用户群体是巨大的，几乎没有哪一款社交软件的风靡程度能与微信相媲美，而微信公众号为主播直播销售宣传提供了一个便捷且高效的渠道。

除了微信公众号，新浪微博的官方账号也是一个比较重要的宣传途径。店铺的官方微博是消费者了解商品的重要渠道之一，也是主播为直播引流的重要工具之一。

3. 自家微信群、QQ群

主播一定不要忽视对已有粉丝的宣传，一个粉丝群虽然不过几百人，但是自家群内的粉丝都是主播的核心客户，他们是主播最精准的受众人群，拥有其他消费者所不具备的忠诚度和活跃度。

已有粉丝不仅对主播及店铺商品有一定的认知，其对主播或商品的信赖也使其更容易关注或参与主播的直播活动，甚至可能自发地进行二次宣传。已有粉丝在朋友圈的转发宣传实现的裂变效果将有助于直播销售的快速曝光。

主播在自有平台进行的宣传，不仅能降低宣传成本，而且能匹配到最精准的消费人群，自有平台是主播最有效的宣传渠道。在进行直播的宣传预热时，主播必须充分发挥自有平台的作用。

2.1.2　其他社交平台

除了自有平台，主播还可以选择其他社交平台进行直播宣传。在其他社交平台上宣传直播活动，不仅可以吸引到一定的消费人群，还有可能吸引到一批新的忠实粉丝。在宣传预热时，主播可以使用的其他社交平台主要包括如下7种。

1. 微博、微信大V付费宣传

微博、微信大V拥有庞大的粉丝群体，具有很强的号召力和影响力，而这种号召力和影响力正是主播所缺乏的。因此，主播可以借助微博、微信大V的影响力为自己的直播做宣传。

微博、微信大V的宣传能力要比一般微博、微信账号高很多，这种宣传能力会给主播带来更高的转化率。某明星曾经在微博上晒出了一张与邮筒合影的照片。照片发出后，细心的粉丝发现这个邮筒位于上海某一街头。于是，在此后的一段时间内，上海该街头的邮筒旁边排起了长队，这些排队的人纷纷拍摄了自己与邮筒的合照。

类似这样的例子还有很多，这就是名人效应所带来的影响力。同理，主播可以多找大咖背书，多找名人站台，借助这些名人的影响力使自己的直播间获得更多的关注，从而提高商品销量。

同时主播要注意，微博、微信大V在分享个人生活、展现个人价值观的同时也早已有了自己的定位，因此主播在寻找微博、微信大V时一定要分析其定位是否与自己推销的商品的定位相一致，只有选择合适的人才能实现最高效的宣传推广。

另外，主播还要注意微博、微信大V的言论是否一贯积极正面。微博、微信大V作为公众人物，具有引导社会积极向上的责任。所以，主播在寻求合作之前，应该对微博、微信大V的言行进行调查，确保其拥有良好的社会形象。如果微博、微信大V在以前有过消极甚至反面的言辞记录，即使他们的知名度很高，主播也不能选择和这些人合作。

2. 合作互推以及友情链接

在直播销售引流过程中需要投入大量技术、资金和人力。对一名刚刚开始转型做直播的主播来说，任何一方面的投入都有巨大的压力，而寻求跨行业资源的互换、互推能够有效缓解主播的压力。

直播平台初期定位借助大数据进行消费者喜好分析，是一种很好的资源互推实践。资源互换、互推不仅仅适用于直播销售的宣传过程，在直播销售的整个运营与推广过程中同样适用。

3. 活动发布平台

主播可以利用一些平台发布活动，展示详细的活动信息。比较常见的活动发布平台如下所示。

（1）爱活动：http://www.ihotdo.com/

（2）活动家：http://www.huodongjia.com/

（3）活动网：http://www.huodongwang.com/

（4）互动吧：http://www.hdb.com/post

（5）会鸽：http://www.eventdove.com/index.html

4. 自媒体平台以及各大论坛社区

主播可以在这类平台上注册并通过投稿的方式发布活动信息，而且这类平台大多可以免费发布信息。这类平台主要有如下几个。

（1）今日头条：http://www.toutiao.com/

（2）简书：http://www.jianshu.com/

（3）百度贴吧：http://tieba.baidu.com/

（4）知乎：http://www.zhihu.com/

（5）豆瓣：http://www.douban.com/

（6）搜狐公众平台：http://mp.sohu.com/

（7）一点资讯：http://www.yidianzixun.com/

（8）天涯论坛：http://bbs.tianya.cn/

（9）百度百家：http://baijia.baidu.com/

主播需要注意的是，有一些自媒体平台如搜狐、一点资讯等比较重视发布信息的质量，因此主播不能在这样的平台上直接发布活动信息，但可以通过文章的形式来发布信息。

5. 垂直门户网站付费推广

垂直门户网站垂直于某一行业或某一地域，垂直于行业的网站有虎嗅网、艾瑞网、36氪等，垂直于地域的网站有深圳万城网、广西桂人网等。此外，主播还可以利用综合性的门户网站进行推广，如新浪、网易、搜狐、腾讯、百度等知名网站。

以新浪为例，新浪有多个广告宣传位并且宣传形式多样，既有弹窗广告式的，又有文字链接式的，主播可以根据自己的推广需求进行选择。

6. 户外广告牌

虽然现在人们对互联网中的信息关注度更高，但是在宣传方面户外广告牌依然有着不可小视的作用。户外广告牌一般被放置在人流量多或车流量多的位置，如地铁站、公交站牌、楼体广告位等，能够吸引更多人的关注。因此，主播通过户外广告牌进行宣传推广也是十分不错的选择。

7. 短信、邮件通知

短信、邮件通知的宣传方式在日常生活中十分常见，淘宝店铺在上新或者有活动的时候都会采用短信或邮件通知的方式向关注自己的粉丝发送信息，主播在直播预热宣传时同样可以采用这种宣传方式。短信或者邮件通知的都是已经关注店铺的粉丝，这些粉丝对店铺商品有一定的好感，再次购买商品的概率会更高。另外，短信和邮件的宣传方式不仅能够保证信息传递的到达率，而且其操作简单，宣传成本也很低。

总体来讲，除了少数免费平台，主播利用其他社交平台宣传直播活动都需要投入一定的资金，在这方面主播要根据自己的资金情况和宣传需求量力而行。

2.1.3　线下实体店

在进行直播宣传时，一些有线下实体店的主播也可以把直播预告放到线下实体店中进行宣传。

很多会在线下实体店购买商品的消费者或许没有接触过直播购物，但是在主播线下实体店购物的消费者大多都是对主播的商品有需求的，他们也极有可能成为主播直播间的粉丝。因此，主播要吸引这部分消费者关注自己的直播。在利用线下实体店为自己的直播做宣传时，主播可以从两方面入手，如图2-2所示。

图2-2　通过实体店为直播做宣传的方法

1. 店外展板

主播可以在实体店的店外设置包含直播信息的展板，在设计展板时，主播需要注意一定要将直播的重点内容突出在展板上，让消费者在看到展板时第一眼就能看到关于直播的重点内容，如直播平台、直播间的房间号、直播时间、直播中的惊喜福利等。

主播把展板设置在店外既可以让所有进入实体店的消费者在进店前看到这个展板，同时也能够吸引路过的消费者的关注。主播可以在每次直播前都在线下实体店外设置这样一个展板，来店中购物或路过的消费者都可能会因看到主播的直播预告而对主播的直播内容产生好奇，久而久之这些潜在的消费者就可能会点进主播的直播间观看主播的直播。

2. 店内宣传

除了在店外放置展板，主播也可以在店内宣传自己的直播。主播可以把直播预告内容做成传单，发放给消费者。

主播也可以叮嘱实体店内的店员，在消费者结账时向消费者宣传主播的直播信息："您好，我们店长为了回馈新老顾客，将在今晚于某某平台开启直播，直播间中的商品价格更加优惠。"对追求实惠的消费者来说，在听到价格更加优惠后会按捺不住好奇心去观看直播。

虽然线下实体店能够带给消费者不一样的购物体验，但由于经营实体店所要付出的成本远高于直播销售，所以实体店中商品的价格也远高于直播中同样商品的价格。主播在线下实体店做直播宣传时一定要把握住这一特性，强调购买在自己直播中出现的商品会比在实体店中购买同样的商品更加划算，这样就会有更多追求实惠的消费者来观看直播。

2.2 "吊足胃口"的宣传方式

在直播前发布预告信息、为直播销售预热能让主播在直播开始前获得更多消费者的关注，提前为直播积累流量，使直播赢在起跑线上。那么，主播如何才能在直播开始前获得消费者关注呢？这需要主播使用一些能够引起消费者兴趣的宣传方法，宣传预告做到位，才能为主播之后的直播积累流量。

2.2.1　预告商品：热销商品销售预告

2019年的"双十一"活动和往常简单粗暴的满额减价活动不同，淘宝在"双十一"之前一个月就开启了预售模式，为之后的"双十一"预热。

在"双十一"活动正式开始之前，天猫推出了一个广告，用幽默搞笑的方式揭示了现在很多人的真实生活写照，包括"自鸽星人""柠檬星人""焦绿星人"等。

想买东西但是一直在拖，今天拖明天，明天又说明天买，最后拖到商品下架是"自鸽星人"的日常；自己想买的商品手速慢，商品被买断货，只能看别人晒宝贝，暗自酸溜溜的是"柠檬星人"；女友生日即将到来，但是不知道买什么的是"焦绿星人"。这些情况是人们在购物时各种心理的真实展现，在列举了这些生活实例后，天猫展示了"双十一"的活动时间，提醒消费者做好抢货的准备，而这只是天猫活动预热的第一步。

为了进一步宣传"双十一"活动，天猫又精心挑选出9个知名热销商品，编制了《大促冲刺班——美妆精选词典》，提前告知消费者部分活动商品，利用消费者对商品的昵称搭配"接地气"的宣传文案，进一步引爆消费者对"双十一"活动的关注。

天猫通过对火爆商品的提前预告，使消费者知道了这次活动商品有哪些，借助消费者对商品的种草，天猫又一次吸引了消费者的关注。天猫通过预告商品的宣传方式同样也可以引用到直播销售中，主播可以在本次直播中说明下次要直播的商品，利用爆款商品吸引消费者观看下一次直播。

同时，主播在对下次直播的商品进行介绍时要对内容做好限制，只对商品的亮点或代表性功能进行介绍，对于商品的具体信息不要进行详细的描述，给消费者留下一定的悬念和想象空间。充满悬念的预告更能吸引消费者的关注。

2.2.2　预告福利：超多福利等你来拿

预告福利也是一种"吊足胃口"的宣传方式。如果主播销售的商品十分大众化，难以通过商品本身达到很好的宣传效果，主播就可以通过预告福利的方式来吸引消费者关注。

刘畅在淘宝上经营着一家书店，同时他每天定时进行销售直播。2020年3月21日是淘宝直播购物节，为了在购物节这天吸引更多的消费者前来购物，刘畅在3月15日公布了店铺的活动海报并在直播中发布了购物节的活动指南，内含超多惊喜福利。刘畅发布的福利预告如下所示。

1. 活动时间

2020年3月21日~2020年3月27日

2. 活动详情

（1）活动期间每天上午9点开播，直播期间不定时发放无门槛优惠券，抢到就是赚到。

（2）买一送一：活动期间购买指定商品送精品图书一册（详情询问客服或直播间询问主播）。

（3）活动期间点击即可领取店铺减满优惠券：满100元减10元、满200元减30元、满300元减50元。

（4）买家秀征集活动开启：活动期间购买任意书籍并按照"图片+评论"的方式晒买家秀，就有机会赢取价值498元的书籍套装和50元无门槛优惠券（详情查看店铺首页海报）。

刘畅在直播中详细为消费者说明了购物节期间店铺的种种优惠，并鼓励消费者不要只是心动，还要有行动。很多消费者在了解了活动详情后纷纷表示心动。在几天后的活动期间，刘畅店铺的销量节节攀升，活动中的指定书籍更是卖出了不俗的销量。

刘畅在购物节前通过福利预告的方式吸引消费者关注，并在活动期间获得了不俗的销量，这充分显示了福利预告这种宣传方式的优势。福利预告也是主播需要了解的非常实用的宣传方式，消费者都有追求实惠的心理，提前预告福利能够吸引大量消费者的关注，促使消费者在活动期间下单。

在通过福利预告进行宣传时，主播需要注意如下两个方面。

一方面，多样的福利更能吸引消费者。主播在设置福利时要注意福利设置的多样性，可采用的方式有发放优惠券、买一送一、抽奖、买家秀送福利等。

另一方面，主播在组织福利活动时要把握时机。福利预告在平常的日子里使用可能起不到很好的宣传效果，配合购物节、店铺周年活动等，在有特殊意义的日期内进行福利预告能够起到更好的宣传效果。

2.2.3　束氏茶界：千人预告方案

如今直播销售前景一片大好，越来越多的商家嗅到了其中的商机，想要加入直播销售的队伍中来。在越来越多的商家进军直播销售领域的今天，主播应该如何利用直播销售实现销售额的爆发式增长？束式茶界就通过千人预告方案实现了销量的大幅提升。

　　束式茶界身为茶叶零售行业的领军品牌，其在销售推广上下了不少功夫。随着直播销售的发展，束式茶界也察觉到直播销售带来的巨大商机，于是在2019年春天，束式茶界携手新零售平台"又一城"在束式茶界自己的App上开通直播功能，并发起安吉白茶和西湖龙井的直播销售活动。这次直播销售活动开展得十分成功，4场直播结束后，束式茶界粉丝增长到3万人，销售额高达6万元。

　　束式茶界的直播销售分为3个阶段，分别为预告阶段、直播阶段和直播回放阶段。在预告阶段，束式茶界发动所有门店里的数千名员工在自己的朋友圈等社交平台发布直播预告，引起大量人的关注。

　　束式茶界的这次直播活动主要有两个目的。第一个目的是，让之前预售下单的消费者可以通过直播观看他们购买的茶叶的采摘以及制作过程，从而增加消费者对束式茶界品牌的信赖度。第二个目的是，这次直播也可以通过消费者的分享，吸引更多消费者的关注与购买，实现第二次引流和拉新。

　　在此之前，李女士从未听说过束式茶界这个茶叶品牌，但是在束式茶界直播前她看到了很多朋友在朋友圈转发的有关束式茶界的直播消息并对此产生了兴趣，于是在束式茶界开播的几分钟前她就守在屏幕前，等待主播介绍商品。在观看直播的过程中，李女士被主播介绍和展示的采茶制茶过程所吸引，于是通过直播页面上展示的商品链接购买了束式茶界的商品。

　　束式茶界的千人预告方案使其获得了很多消费者的关注，从而提高了其商品的销量。对主播而言也是如此，提前进行直播预告十分关键。直播的流量决定了直播的销售额，而直播预告能够让更多的消费者了解主播的商品和直播的时间，能够为主播吸引大量流量，保证直播活动能够更好地展开。

2.3　老粉丝带动新粉丝

老粉丝带动新粉丝是十分有效的宣传方式，也是主播在进行宣传预热时必须重视的宣传方式。老粉丝是认可主播商品、对商品有需求、对商品有一定忠诚度的优质粉丝群体，而由他们邀请来的新粉丝同样会对商品存在需求，这能够使主播的宣传更具针对性。在老粉丝带动新粉丝方面，主播可以使用的方式通常有两种，分别是邀请有礼和粉丝拼团。

2.3.1　邀请有礼

老粉丝带动新粉丝是活动宣传的有效方式，而邀请有礼就是老粉丝带动新粉丝的主要手段之一。用好邀请有礼这种宣传方式，主播不仅能够维系好老粉丝，还会收获一批新粉丝，达到良好的宣传效果。

邀请有礼活动主要有两种形式：邀请码以及分享链接和二维码。

1. 邀请码

邀请码是一种相对烦琐的邀请方式，在老粉丝用邀请码邀请新粉丝时，老粉丝和新粉丝都需要记录邀请码，同时还要通过指定渠道填写邀请码。因此，邀请码的应用场景相对较少。

2. 分享链接和二维码

分享链接和二维码是最常用的邀请有礼的方式，其优点是方便快捷，可以在微信、QQ中快速传播。

邀请有礼的流程如下。

（1）老粉丝发起邀请，把邀请链接分享给新粉丝。

（2）新粉丝接受邀请后，需要先行注册（手机号+验证码的形式），再参与活动并下单。

（3）新粉丝注册后可获得奖励，奖励一般为店铺优惠券礼包。

（4）老粉丝获得奖励：被邀请的新粉丝注册后，老粉丝可获得一个奖励，被邀请的新粉丝下单后，老粉丝可获得另一个奖励。奖励可以是店铺优惠券或者商品实物。

在通过邀请有礼方式进行活动宣传时，主播必须注意如下两个问题。第一，老粉丝的邀请积极性可能不会高，因为邀请新粉丝成功后老粉丝才可获得奖励，而如果主播开展活动的力度不够，那么老粉丝邀请成功的概率也不会高。第二，新粉丝接受邀请的概率和主播开展活动的力度呈正相关，如何用最低的资金投入获得最大的宣传效果是主播需要认真思考的一个问题。

为解决上述两个问题，主播要设置合理的老粉丝奖励机制，老粉丝在发起邀请后就可以获得一个小奖励，这能够让老粉丝有即时的满足感。同时，主播可以将新粉丝的奖励设定为随机奖励，如最高获得100元无门槛优惠券等。主播可以通过控制礼品和中奖比例来控制活动成本。此外，高奖励的吸引也能够提高邀请转化率。

在老粉丝发起邀请中还存在一个问题，那就是如果老粉丝发起邀请时总是获得相同的奖励，也会挫伤老粉丝持续邀请的动力。对于这个问题，主播可以用如下两个办法解决。办法一，主播可以把老粉丝奖励改为随机奖励。办法二，老粉丝邀请的新粉丝越多，其获得的奖励也会逐渐增多，主播可以为老粉丝设置阶梯式奖励发放规则。

在设置邀请有礼的活动时，为了提高邀请的转化率，主播也需要使用一些小技巧。

第一，与各种节点、热点相结合推广邀请活动。

邀请活动与节点、热点相结合，更能够引人注目，邀请活动也更容易被新粉丝所接受。24个节气、各种中西方节日都可以是主播开展邀请有礼活动的主题。例如，主播可以在母亲节前夕开展一次主题为"母亲节快到了，为母亲准备一份贴心的礼物吧"的邀请有礼活动，这样与节日相结合的邀请活动更容易引发消费者共鸣。

第二，保证邀请有礼活动的优惠力度，满足新老粉丝心理。

不论是老粉丝还是新粉丝，粉丝参与活动的最主要原因就是活动具有足够的吸引力。因此，主播在开展邀请有礼活动时，一定要保证活动的优惠力度，满足新老粉丝追求实惠的心理，只有这样，邀请有礼活动才会得到有力的宣传推广。

邀请有礼活动能够取得很好的宣传效果，不仅与这种活动形式自身的特性有关，还与主播的设计方式有关。主播在开展邀请有礼活动时，一定要使用好各种开展邀请有礼活动的小技巧，这样才能够将活动效果最大化。

2.3.2　拼团加大优惠力度

乔珊是一家淘宝化妆品店的店主，她的淘宝店铺刚刚开业两个月，如何进行店铺的宣传推广是她每天都在思考的问题。这两个月来，乔珊通过直播销售积累了一部分粉丝，但是一段时间之后，店铺的销售量还是维持在之前的水准，难以有进一步的提升。

2019年"双十一"前夕，乔珊决定组织一次拼团活动为"双十一"活动预热。为此，乔珊在11月5日的直播中预告了"双十一"当天的拼团活动，其活动规则如下。

（1）"双十一"当天以 2 人即可成团的方式开展拼团活动，诱发粉丝迅速抢购。

（2）设置梯度优惠，买得越多省得越多。例如粉丝买某精华，1瓶单价为138元，2瓶为238元，3瓶为318元。

（3）"双十一"当天消费额度最高的粉丝将获得店铺赠送的价值899元的美白套装。

（4）在拼团活动中，如果老粉丝带动了新粉丝前来参加拼团活动，那么老粉丝将会获得额外的返利优惠。

除了发布活动规则，乔珊还在直播中详细为粉丝讲解了参与拼团活动的商品种类、与平时相比的优惠力度等，以便进一步激发粉丝拼团购买的积极性。

通过预告超值优惠的拼团活动，乔珊的直播间吸引了大批粉丝的关注。在"双十一"当天，拼团活动一开始，店铺的销量就节节攀升，为了进一步刺激粉丝的购物需求，乔珊还在直播间以"粉丝昵称+所购产品名+数量"的形式实时晒出粉丝的购买清单，这一行为极大地活跃了直播间的氛围，也促使更多的粉丝积极成团下单。

此次活动结束后，乔珊店铺在"双十一"当天的销量比平日增加了3倍，粉丝复购率也大大提高了。

极具优惠力度的拼团活动能够有效激发老粉丝的购物热情，促使其在微信、微博等平台上分享拼团链接，从而吸引新粉丝参与到拼团的活动中来。同时，拼团活动不仅能够增加商品销量，还可以有效地维系老粉丝、吸引新粉丝。

第 3 章

内容规划：直播销售也要别出心裁

　　直播销售最终的目的是销售商品，为了更好地实现商品销售的目的，主播需要规划好直播销售的选题和直播流程，这就需要主播掌握主题规划的技巧，同时为直播制定好剧本。此外，直播销售的主体是商品，为了达到更好的直播效果，主播还需要以商品为出发点，以商品吸引消费者注意力，最终提升商品的销售额。

3.1　主题规划

主播在进行直播时并不是选择好需要销售的商品就可以了，还需要确定好直播内容的选题。选题可以帮助主播展现直播亮点，好的选题设计会吸引更多的消费者进入直播间。因此，主播必须重视直播的选题。在规划选题时，主播需要与时下热点相结合设计选题，同时需要将这个主题贯穿于直播的整个流程。此外，主播也需要设计好直播的封面和主题，以便获得更多消费者的关注。

3.1.1　时下热点是选题的重点

当下，直播销售火热发展，其不仅促进了直播行业的崛起，也为商家提供了更好的销售方式。直播销售的诞生，为商家提供了新的销售渠道，提供了新的销售思路。

虽然现今依旧有无数的广告存在于电视、报纸中，但是这些广告与时下热点相比却难以吸引人们的目光。为什么会这样？

随着移动互联网的发展，越来越多的人会在网络上进行社交活动，在不同的社交平台上表达自己的感情。人们的目光也不再停留在报纸、电视和各种广告宣传位上，而是更加关注各个社交平台中推送的信息，时下的热点成为人们更加关注的信息。

因此，为了有效地吸引流量，主播的直播内容需要与热点相结合，"直播销售+热点"是主播规划直播主题、进行直播营销的重要法宝。"直播销售+热点"有哪些优势？其优势主要表现在以下几个方面，如图3-1所示。

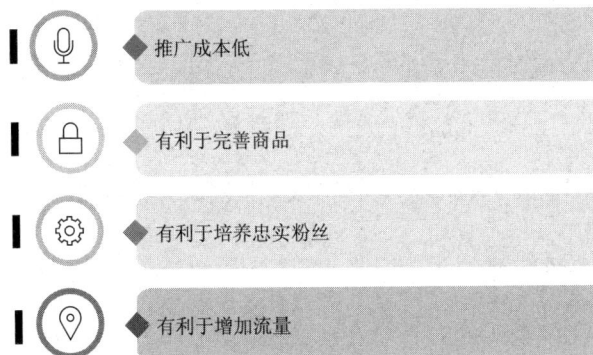

图3-1　"直播销售+热点"的优势

1. 推广成本低

主播在规划直播主题时与时下热点相结合能够提高消费者对于商品的关注度。人们在搜索有关热点的信息时也会不经意看见直播间销售的商品，这样那些对商品有需求的消费者就有可能进入直播间购买商品，即使一些进入直播间的消费者并没有购买商品，但他们依旧为直播间增加了热度。

2. 有利于完善商品

主播将直播主题与时下热点相结合也会引发消费者对商品应用场景的想象，引发消费者对商品的购买需求。同时在这个过程中，主播也可以通过消费者的反馈更加清晰地了解消费者的需求，这有利于主播在今后的直播中选择更合适、更能吸引消费者的商品。

3. 有利于培养忠实粉丝

主播与消费者在对当下热点问题进行讨论时能够让消费者更加了解自己，即使一些消费者对主播当下销售的商品并没有购买需求，但是如果其感觉主播的三观与自己的三观一致，那么也会认可主播，从而关注主播。对主播来说，这样的消费者无疑是自己的潜在客户。

主播与消费者讨论热点问题是展示自己三观、表明自己态度的良好时机。在与消费者进行了多次沟通后，主播在消费者心中的形象也会更加具体，这会一步步提高消费者对主播的认可，使其成为主播的忠实粉丝。

4. 有利于增加流量

增加流量并不是单纯靠增加人手、花钱做推广就能实现的，而且流量的增加不是短时间内能达到的，而是需要长时间的积累与维护。利用时下热点则能迅速提升主播的曝光度，这是实现快速引流的有效方法。

那么，主播应如何利用热点信息？这里提供3个步骤以供借鉴。但是，热点来得快，去得也快，主播想要3步实现轻松引流，借助热点维持自己的直播热度，还需要挖掘出热点事件本身蕴含的内在道理。

第一步，每一个热点都有其背后的重点内容，主播在利用时下热点时要总结出热点背后隐藏的干货；第二步，主播要将热点事件与直播内容相结合，使其成为直播内容的亮点；第三步，即使热点事件的讨论热潮过去，这件事对人们造成的影响也会持续一段时间。主播就要充分利用这段后续影响期，开发热点周边事件，实现时下热点的二次引流。

比如，电影《战狼2》热度爆棚时，各大社交平台纷纷报道了许多与《战狼2》相关的新闻。在那段时间里，也有很多美妆博主结合《战狼2》的热度，推出以"战狼里的那些女星使用的美妆产品"为主题的直播视频，这样的直播也为这些美妆博主吸引了很多流量。

虽然利用当下的热点信息规划直播主题会给主播带来很多好处，但是主播也要选择合适的热点信息来与自己推销的商品相结合。如果热点与商品的相关度不高，或者主播将二者结合得不恰当，那么"直播销售+热点"只会让消费者认为主播是在"蹭热度"。这不但不能为主播引来新的流量，还容易使之前的粉丝脱粉，因此主播一定要认真分析热点，选择合适的热点，这样才能够借热点为自己引流。

3.1.2　主题要突出重点

宇文的淘宝店在一天之内就卖出了2 000份麻辣小龙虾，这要归功于宇文新开通的淘宝直播。原本宇文的淘宝店和其他普通的淘宝店一样销量平平，店里的麻辣小龙虾日销量也就300份左右，不算好也不算差。直到有一天，宇文在网上看到很多商家都做起了直播销售，他也决定在淘宝直播上申请一个直播间试试。

宇文的淘宝店主要销售麻辣小龙虾，为了吸引更多人关注，宇文直播了麻辣小龙虾从选料到加工的制作过程。本次直播的主题是讲解麻辣小龙虾的制作过程，因此宇文在直播的全程都在讲解小龙虾的选料、清洗、食材准备、制作步骤等，并没有直接进行小龙虾的推销。

宇文认真细致的讲解吸引了大批消费者前来直播间观看直播。同时，消费者在观看小龙虾制作的过程之余，自然而然就想买一点尝尝，这样一来，宇文的淘宝店小龙虾销量就有了大幅提高。虽然宇文没有直接推销小龙虾，但是小龙虾的制作过程这个主题就是对他家店铺小龙虾的一个很好的宣传，将该主题贯穿直播销售的始终，宇文也因此成功提高了店铺的销量。

一个好的主题对直播间的人气有着直接性的影响。那么，主播如何选定一个合适的选题呢？主播需要做到以下3个方面，如图3-2所示。

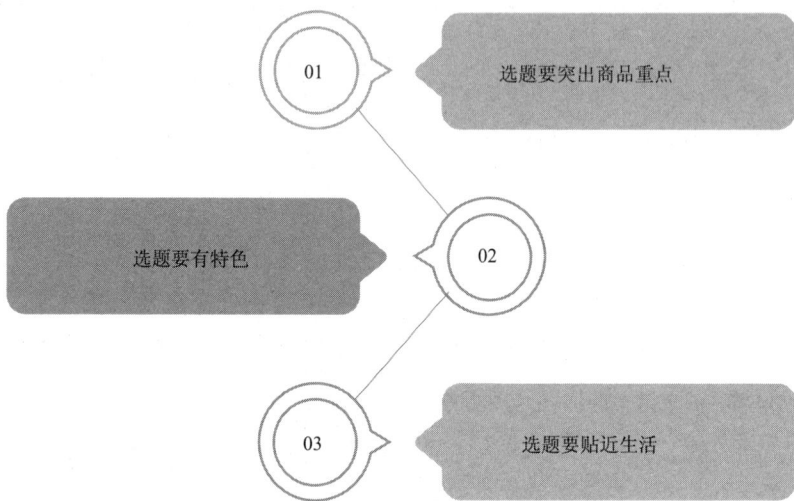

图3-2　主播如何确定选题

1. 选题要突出商品重点

很多主播在进行直播选题时不明所以，不知道该怎么去选择直播主题，因此，直播没有特性，只是单纯地介绍商品。这种枯燥无味的选题难以吸引消费者，在选题时，主播需要突出商品的重点。例如，主播在推销一系列防晒产品时，就可以以防晒霜、防晒喷雾的"12小时持久防晒""防汗"等特点规划直播的主题。

2. 选题要有特色

如何通过选题来激起消费者的兴趣？有特色的选题最重要。比如，在上述麻辣小龙虾案例中，宇文就没有选择一般的商品选题，而是特立独行地选择了小龙虾制作这一主题。这使得消费者感到很新鲜，自然就能吸引一大批消费者来直播间观看直播，同时也能带动直播间的销量。

3. 选题要贴近生活

很多人观看直播是因为直播有实时性，而且直播的内容大多是人们的日常生活。因此，主播设计的选题需要贴近大众生活，比如在直播中试用、试吃商品或者直播商品的制作过程。上述案例中的小龙虾制作过程就是贴近生活的直播主题。

3.1.3　吸睛的封面和标题

对消费者而言，在看到主播的直播时首先会看到直播的封面，所以封面设计的好与坏会影响消费者对本次直播的印象。为了能吸引更多的消费者，主播一定要谨慎地选择直播的封面。

就消费者的浏览习惯而言，消费者在直播平台首页进行浏览的时候，在每个直播处只会停留短短几秒的时间。为了吸引消费者的注意力，直播的封面与内容之间必须含有关联性，让消费者对直播内容有一个基础的认知。调动消费者的好奇心是一个非常有效的吸引消费者的方法，主播可以在封面放上精美的商品并用关键词显示出商品的特点，或者主播可以在封面摆出夸张、惊喜的表情，这些都有利于引起消费者的观看欲望。

同时，吸引人的标题是决定消费者点击视频观看的重要因素。即使主播直播的内容很精彩，如果标题的命名缺少技巧，那么也很有可能无法吸引足够多的目标消费者观看。好的标题不仅能吸引更多目标消费者观看，还能为整个视频内容增色不少，而不好的标题则有可能让一个优秀的直播淹没在众多的直播间之中。在设置直播标题的时候，主播可以采用以下几种方法，如图3-3所示。

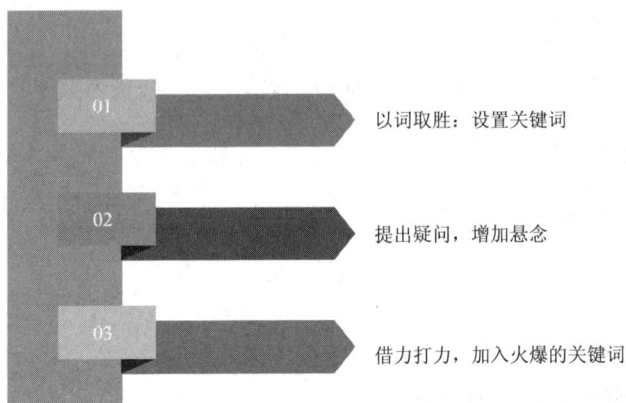

01　以词取胜：设置关键词

02　提出疑问，增加悬念

03　借力打力，加入火爆的关键词

图3-3　如何设置直播标题

1. 以词取胜：设置关键词

标题中的数字可以迅速引起消费者注意。想要在短时间内抓住消费者目光，主播可以借助数字的力量，让标题变得直观和简洁。

例如，"如何搭配春季服装"和"3招告诉你，春季服装搭配的小技巧"这两个标题显然后者对目标消费者更有吸引力，因为在标题中明确告诉消费者只需要"3招"就可以学会"春季服装搭配的小技巧"。无论是从效果预期上还是内容引导上，数字都可以为消费者提供更多有效信息，从而促使消费者点击进入直播间。

2. 提出疑问，增加悬念

消费者在进入一个直播间之前，一定会浏览不同直播间的标题。因此，一个能吸引消费者注意力的标题，会为主播的直播间带来更多的流量。那么，什么样的标题才能够吸引消费者的注意？在标题中使用问号也是标题设计的技巧之一。

问号的作用在于强调问题的存在性。也就是说，在文本中使用了该符号，就是在告诉消费者这是一个问题。而通常情况下，当消费者遇到问题时，会对问题进行思考。这样一来，标题中的问号就达到了引起消费者注意的效果。

3. 借力打力，加入火爆的关键词

标题关键词的设置应尽量大众化，紧跟当下时代潮流，这样才能吸引更多的消费者进入直播间。直播平台会运用算法原则，根据标题关键词进行提取、分类和推荐，然后根据消费者点击率、消费者浏览量等数据决定要不要把这个直播间推送给更多的消费者，因此标题关键词的选择就非常重要。在标题中加入当下火爆的关键词能让主播的直播间被消费者迅速锁定，从而吸引更多的消费者进入直播间。

主播吸引到更多消费者的关注是提高消费者转化率的前提，而在吸引消费者方面，选好直播的主题十分关键。这个主题不仅要融入直播的过程中，同样也需要体现在直播封面和直播标题中，只有这样才能够使直播内容起到更好的吸睛效果。

3.2　定制直播剧本

为了达到更好的直播效果，主播在设计直播内容时需要设计好直播的剧本。无准备的直播必然不会达到很好的直播效果，而在直播的开始、直播过程中、直播结尾主播需要做哪些事情都是需要提前设计好的，只有这样才能够更好地吸引消费者、提高商品的销量。

在直播之前，主播将直播内容课表化，有利于其更好地把握直播的流程及各流程的进度。同时，为了在消费者面前展示出更好的直播效果，主播需要对直播过程进行彩排。此外，主播在直播过程中展现自己的专业性不仅能够增加直播的可信度，还能展现出自己的个人魅力，这些都有利于刺激消费者完成下单。

3.2.1 直播内容课表化

身为大学里的学霸，余静在还没有毕业的时候就开了一家淘宝店，主要销售女性服装和小饰品。在毕业后，余静并没有放弃她的淘宝店，同时她看中了淘宝直播的潜力，觉得在自己的淘宝店中进行直播销售必定能大赚一笔。

在开展直播销售的过程中，在每次直播之前，余静都会将直播的内容做成一个表格，在表格中标明不同的时间段分别做什么，包括什么时间段展示商品、什么时间段解答消费者的问题等。在完善的时间安排下，余静成功地将直播间的人气拉得越来越高，其淘宝店的销量也比最初多了很多。

直播销售的核心是销售和推广。因此，主播可以通过对直播的内容进行合理的安排来提高直播的效率。同时，将直播内容排表有利于主播对直播流程的掌控。

那么，主播应该如何设计和制作表格呢？主播可以将一次直播分为不同的阶段，再设计好每个阶段需要做的事情。以服装的直播销售为例，主播可以将直播分成4个小阶段，如图3-4所示。

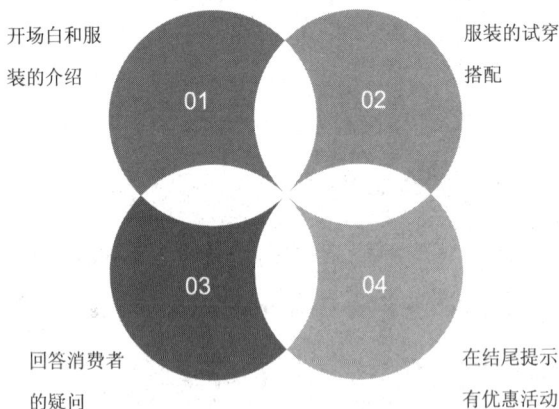

图3-4 服装直播的4个小阶段

1. 开场白和服装的介绍

主播在直播开始时需要先和消费者打招呼，简单介绍一下自己。随后主播就可以直奔主题，开始介绍服装。在介绍服装时，主播可以对服装进行一个定位性的总体介绍，比如衣服是"春季新品""矮个子福利"等，这样的介绍更能加深消费者对直播主题的认知。

2. 服装的试穿搭配

在介绍完直播的主题后，主播要做的就是分别介绍每一类衣服的材质、特点、受众及价格等，在这期间主播可以应消费者的要求试穿服装，为消费者展示服装的上身效果。在这之后，主播还可以顺势推荐几样饰品来搭配这件服装。这样推荐就显得自然很多，消费者也不会觉得反感。

3. 回答消费者的疑问

在展示完全部的服装后，主播可以设计一个互动环节，让消费者自由提问，然后对消费者的提问一一进行回答。如果问题很多，主播就需要挑重点的来回答。

4. 在结尾提示有优惠活动

在直播的最后，主播可以向消费者提示有优惠活动，比如现在下单的话就可以享受九折优惠，以此来吸引消费者购买服装。

通过制定直播剧本，主播可以明确整个直播的流程，这样主播在直播的时候就知道每个阶段和下一个阶段的任务是什么。同时，如果直播时出现突发状况，主播不至于手忙脚乱。制定直播剧本可以有效地促进直播的顺利进行，从而提高直播的效率。

3.2.2　提前彩排直播过程

在2019年的淘宝"双十一"活动中，于晓芳的淘宝店当日的成交量几乎是平时的3倍。于晓芳坦言，自己都没想到自从在淘宝直播开了直播间做直播销售后，店里的销量会不断地增长。

在刚开始直播的时候，于晓芳不知道应该如何进行直播，更不知道如何与消费者交流互动，她本以为直播是一件很容易的事，只要坐在屏幕前认真地展示商品就能吸引大批消费者来观看直播，但当自己真正当上主播之后，她才发现做直播的不易之处其实有很多。

在直播的内容方面，于晓芳做的是直播销售，她发现直播销售与普通的直播完全不一样。在直播之初于晓芳喜欢和消费者聊家常，也的确吸引了一批消费者的关注，但是在于晓芳直播间与她进行互动的人很多，其淘宝店的销量却没有太大变化，这就违背了于晓芳做直播销售的初衷。

为此于晓芳想到了一个办法，她开始在每次直播前都进行一次彩排，彩排的内容一般是如何介绍商品，如何回答消费者可能提出的疑问。同时，她还设计了一些互动环节，以此来增加直播间的人气。

经过一段时间的练习，于晓芳的直播效果有了很大的改善，她的直播间也渐渐地活跃起来，越来越多的消费者来于晓芳的直播间询问商品信息，并在得到满意的答复后选择去于晓芳的淘宝店进行购买。于晓芳的淘宝店生意也因此变得越来越好，在"双十一"活动期间达到3倍的成交量。

明星在开演唱会或者参加综艺节目的时候经常会进行彩排，这样才能保证节目的流畅性。直播销售也是如此，只有进行过彩排，才能够给消费者带去更好的观看体验，才会提高直播销售的效果。那么，主播在进行直播之前应该如何彩排？怎样做才能使直播过程变得有趣、不枯燥？答案如图3-5所示。

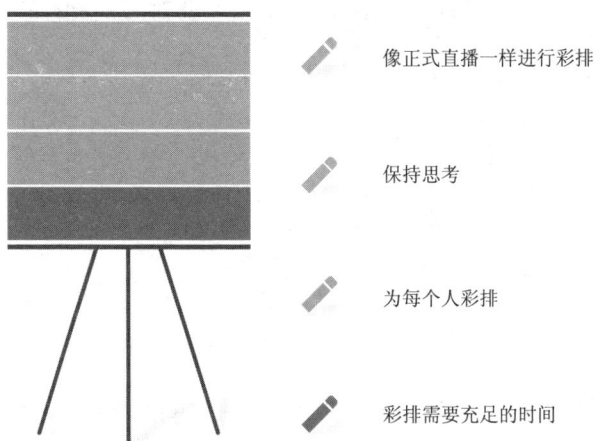

图3-5　如何进行彩排

1. 像正式直播一样进行彩排

每一次彩排都是正式直播的前奏，主播必须认真地对待彩排，这样主播才会在彩排中学到知识，发现问题。如果主播在彩排时懒懒散散，那么彩排就会失去意义。每一次的彩排都是至关重要的，这关系到正式直播的时候整个直播能否顺利进行。

2. 保持思考

主播在彩排时要一直保持思考，例如，思考这个环节介绍商品好不好，如何介绍商品才不会使消费者感到厌烦，等等，这些都是主播需要在彩排中思考的内容。随时随地思考，解决直播中可能存在的问题，找到直播的最好方法才是彩排的意义所在。

3. 为每个人彩排

很多时候，主播并不能一个人完成销售直播的全部流程，比如在进行一些小游戏时主播就需要别人的配合，或者主播在直播中需要别人来活跃直播间气氛等。如果在一场直播中需要别人参与，主播就需要对每个人的每个环节进行彩排，确保直播内容的完整性和直播流程的流畅性。

4. 彩排需要充足的时间

主播要为彩排留出充足的时间，来寻找彩排过程中可能会出现的问题，并对每一个问题设计好解决方案，切不可敷衍了事。

提前彩排直播过程是十分有必要的，只有经过充分的彩排，在彩排中解决好可能会出现的问题，主播才能够保证直播的完整性和流畅性。经过彩排后的直播能够带给消费者更好的观看体验，这对提高直播间销量而言是十分有利的。

3.2.3　注重专业性的展示

有一些主播在直播时并不是单纯地靠讲解商品的优点来吸引消费者的，而是靠其专业技能吸引消费者来观看直播的。主播可以在直播开始时设计一个技巧展示的环节，或者在直播的最后设计消费者提问的环节，以此展示自身的专业性。例如，淘宝直播中有一位推销美妆类产品的主播，她在设计直播剧本时会加入一个"素人改造"环节——该主播每次直播时都会邀请一位素颜的嘉宾来到自己的直播间，并为嘉宾化妆。

在该主播高超的化妆技巧之下，化完妆之后的嘉宾变得十分漂亮，消费者的兴奋值也随着嘉宾化妆后的惊喜改变一路升高。此时，主播才正式开始介绍产品。同时，主播每次为嘉宾化妆所使用的化妆品，都是在接下来的直播中重点推销的化妆品。在之前的化妆环节中，消费者不仅看到了主播高超的化妆技巧，也看到了化妆品的使用效果，于是纷纷下单购买主播所推销的化妆品。

主播可以在直播开始时设计展示自己的专业技巧的环节，也可以在直播的最后设计消费者提问的环节，通过回答消费者的问题来体现自己的专业性。在消费者提出问题时，主播可以从专业的角度来帮助消费者解决问题，当问题得到了解决，消费者也会认为主播是十分专业的。

主播只有在直播中展现自己的专业性才能吸引更多的消费者来观看直播，同时能够更好地建立与消费者之间的信任。这一点在直播销售中也同样适用，主播不断提高自身的专业性，在直播销售中展现自身的专业性，能够有效提高直播销售的质量。

3.3　商品为主

在规划直播内容时，除了设计好直播的主题、制定直播剧本，主播更应将目光聚焦于商品。主题与剧本都是直播销售的辅助手段，商品才是直播销售的内核。因此，主播在规划直播内容时一定要以商品为主，主播可以从商品中提炼出吸睛的关键词吸引消费者的关注，同时，主播在规划直播内容时一定要把握好介绍的主方向，减少与商品无关的话题。

3.3.1　巧妙融入商品关键词

最近，一家淘宝店火爆了整个淘宝直播，这让淘宝直播主播李玉也火了一把。那么，为什么李玉的直播突然就火了？

李玉原本也和普通的淘宝主播一样，为消费者介绍自己的衣服然后试穿，再依次回答消费者的提问。但是李玉的直播销售效果始终不温不火，为此李玉很是着急，随后她想到了一个小办法。

在一次直播中，李玉并没有着急介绍衣服，而是向消费者提问："大家有没有平时觉得带着很麻烦但又不能不带的东西？"很多消费者热心地回答道："银行卡、公交卡、钱包、钥匙等。"

在消费者回答完之后，李玉立刻就拿起了一件衣服，然后把镜头给到衣服上的小口袋。随后李玉向消费者讲解了这件衣服别出心裁地多加了一个小口袋，小口袋可以装一些人们日常出行要带的东西。

结合上述提问内容，这个本来不起眼的小口袋立刻就获得了消费者的关注，很多消费者在李玉介绍完之后立刻下单购买了这件衣服，李玉淘宝店的销售额也得到了大幅提升。在接下来的直播中李玉如法炮制，以商品的关键词吸引消费者的目光，这使得李玉的直播间人气不断上涨，淘宝店的销售额也在不断增加。

主播在设计选题时经常会为不知道选什么而发愁，比如主播主要做的是服装销售，那么，如何制造话题才能吸引消费者购买？这时主播就可以利用关键词制造一个话题使直播进行下去。

比如，衣服上有一个特殊的小口袋，或者衣服上有一个便利的小设计，这些都可以作为直播时的关键词展示给消费者，从而吸引消费者提问互动或者购买商品。那么，主播应该如何巧妙地选择关键词？答案如图3-6所示。

图3-6　直播关键词选择技巧

1. 直击消费者心理

销售直播不同于一般的直播，观看销售直播的消费者一般是来购物的，他们想知道主播介绍的商品是怎样的。因此，在关键词的选择上，主播要突出消费者最想要了解的方面。比如，消费者买衣服看的就是衣服的特色或者搭配，在直播的时候主播也要直接为消费者展示服装的搭配效果。如果消费者觉得衣服搭配很好看，自然就会立刻购买。

2. 符合商品特性

商品特性就是商品的属性和特征，比如，夏季女装，清凉、显身材等标签就是它的关键词。主播在进行直播时不能只是千篇一律地介绍商品，而是要通过多方面、多标签地介绍商品来吸引消费者的目光。

主播向消费者介绍一件衣服时要从多方面来进行，但又不能介绍太多，以免使消费者产生厌倦感。因此，主播应该着重挑一些重要的关键词进行介绍，比如衣服百搭，衣服的颜色符合大众审美，衣服穿起来很舒服，等等，这些都是消费者关心的关键词，都可以很好地激起消费者的购买欲望。

3. 有特色

突出商品的特色也是十分关键的一点。如果主播在介绍商品时没有突出商品的特色，就可能造成潜在客源的流失。因此，商品的关键词有特色，有独特性，就能让消费者感到新奇，从而促使消费者下单。比如，上述案例中李玉的直播销售展示，就是利用衣服上有一个小口袋的独特性激发了消费者的购买欲望。

主播在直播中要经常利用商品的种种关键词作为卖点进行宣传，但主播也要保证所宣传的卖点确切属实。主播不能因贪图一时的销量而欺骗消费者，不然就会得不偿失。

3.3.2　展现商品的真实属性

梁思思是一家理发店的老板，凭借精湛的手艺，梁思思的理发店获得了周围人的一致好评。随着网络直播行业的火爆，大大小小的直播平台都涌现了出来，梁思思周围的人都纷纷加入了直播队伍中。梁思思也很心动，于是她尝试着开通了一个自己的直播间。

在开始直播的当天，梁思思利用直播的方式和消费者分享了她在理发店给消费者做发型的全过程。这次的直播理发成功地吸引了很多消费者来直播间观看，在直播的过程中，不断有消费者询问梁思思的理发店的名字和地址，这次直播成功地为梁思思的理发店做了一次营销。

销售最重要的是真实性地展现商品，传统线上销售最大的缺点就是无法做到让消费者详细地了解商品的方方面面，很多商家在网店中介绍商品时只是单纯地放几张图片，消费者难以分辨商品的真实性和可靠性。而通过直播，主播可以对商品进行全方位的展示和测试，从而让消费者了解商品的真实属性。

同时，在直播销售过程中，也有消费者会怀疑商品的真实属性可能与商品的宣传完全不符，这时，消费者就会让主播展示商品的更多细节。因此，主播想要让消费者真正动心购买商品，需要在直播的内容上下功夫。主播需要掌握专业的商品说明技巧，能够在直播中详细且有条理地向消费者说明商品的功能及特性，以便让消费者相信商品的质量。

此外，主播还可以邀请明星来进行商品的体验，提高消费者对商品的信任度，或者主播可以做一个街边访问直播，让路人来测试商品，这样直播的效果会更加真实，更容易获得消费者的认可。

第 4 章

展示商品：全力激发消费者购物热情

展示商品是主播在进行直播销售过程中的主要内容。主播必须要掌握在直播中展示商品的技巧，这样才能够全力激发消费者的购买欲。在展示商品前，主播需要了解商品的优缺点，以便对商品作出客观的判断，同时也能够更好地为消费者展示和解惑。

在展示商品的过程中，主播要把握好消费者的需求，注重消费者的观看体验，对商品作出整体及各方面细节的展示。同时，主播要重复商品优点，通过场景描述激发消费者的购买欲。此外，主播对于商品的展示也要注意把握时间，过多的展示也会挫伤消费者购买商品的积极性。

4.1 展示前

在展示商品之前，主播要对商品进行全面的了解，明确商品的优缺点。明确商品的优缺点不仅能够使主播对商品作出更加客观的评价，同时在消费者对商品提出疑问时，主播也能够更加准确地回答消费者的问题。此外，主播需要提前安排好商品的出场顺序，使商品的介绍更能激发消费者的购物热情。

4.1.1 明确商品的优缺点

主播在展示商品之前，一定要明确商品的优缺点。任何商品都是有缺点的，在介绍商品时，主播无须回避商品的缺点，在展示商品前做好功课，即使消费者了解了商品的缺点也阻挡不了其购物的热情。

主播在准备直播销售的商品时首先需要仔细研究商品的优缺点是什么。有些优缺点是商品特有的，有些优缺点是由商品特定的材质、使用方法等决定的。

例如，如果主播想要在直播销售中推销一款新款的雪纺打底衫，那么"设计新颖""款式百搭"等描述就是自家商品特定的优点，而"质地轻薄""透气性好"等就是雪纺这种材质的优点。此外，"易勾丝"等就是雪纺这种材质的缺点。

为了更好地了解商品的优缺点，主播可以通过向厂商询问，阅读报纸和杂志，试穿、试吃、试用等方式来多方面了解商品的优缺点。同时，主播还要区分商品的哪些缺点是自家商品的不足导致的，商品的哪些缺点是这一类商品所固有的。

在明确商品的优缺点的基础上，主播还要掌握弥补商品缺点的方法。比如，某种商品比较难清洗，主播就要了解清洗这种商品的一些小技巧，以便在直播过程中将这些小技巧分享给对商品有意向的消费者。

此外，在展示商品时，主播需要针对商品的特点及商品的缺点，有技巧地向消费者做推荐。主播可以重点讲明商品的优点，同时也应点明商品的缺点，如果主播对商品的缺点避而不谈，就会极易引起消费者的抱怨，这会使主播失去信用。所以，主播要让消费者了解商品的缺点，同时着重向消费者介绍商品其他的优点。主播在展示商品时，先简单讲明商品的缺点，再详细讲解商品的优点，会取得更好的推销效果。

一些消费者对商品的了解比较全面，在专业性方面，主播更不能输给这些消费者，主播要不断吸收专业的知识，随时向消费者分享与商品有关的小技巧。此外，如果主播以自身的使用感受来分享商品的优缺点，那么会更具说服能力。

4.1.2 提前安排展示商品的顺序

在展示商品前，主播需要安排好直播中所需展示的商品顺序。安排好展示商品的顺序，不仅有利于主播合理地安排直播内容，把控直播流程，同时还会让消费者感受到主播的用心。

在安排需要展示商品的顺序时，主播可以根据商品品类、风格、受众等对商品进行分类。针对分好类的商品，主播可以统一讲解同一材质商品的特点，统一讲解相同类别商品的功效等。这能够使主播统一为消费者解惑，能够有效提高主播直播销售的效率。

在为需要展示的商品进行排序时，主播需要掌握一定的商品品类排序小技巧，以便激发消费者的购物热情，实现商品销售额的提升。在为需要展示的商品进行排序时，主播可以采用如下排序方法。

1. 新品折扣类—品牌经典类—品牌清仓类

"新品折扣类—品牌经典类—品牌清仓类"这样的商品排序方式是十分常见的一种商品直播销售排序方式。

首先，主播在展示商品时先向消费者展示新品折扣商品的好处是十分明显的。新品、折扣商品的"新品""质量好""折扣优惠"等关键词能够在直播一开始就抓住消费者的目光、激发消费者的购物热情。

同时，主播在展示新品折扣商品时，除了要讲明新品的特点、新品的折扣详情，还要突出讲明商品的品质优势，如"羊毛材质透气柔软""化妆品纯天然、易吸收"等。这些对于商品品质及特性的讲解能够为接下来展示的商品做好铺垫。

其次，在展示完新品折扣类商品之后，主播可以顺势介绍该品牌的经典类商品。在介绍新品折扣类商品时，主播已经详细地讲过该品牌的商品优势了，因而消费者能够对该商品的特点及优势有基本的了解。

在展示经典类商品时，主播要进一步强调商品的品质优良等优势。此外，主播还要着重介绍经典类商品的销量，这是经典类商品的卖点。经典类商品对于追求品质的消费者是很有吸引力的，因此经典类商品的介绍也能够激发消费者的购买热情。

最后，主播可以在展示商品的最后阶段展示品牌清仓类商品。这类商品的质量也是有保证的，只是在商品款式、颜色、尺码等的选择上有限。经过前面两种类别商品的展示，消费者已经对商品的质量、特点等有了较为深刻的认知，因而，即便是款式单一、断码的商品也能够得到那些追求实惠的消费者的抢购。品牌清仓类商品也能够在展示商品的最后激发起消费者抢购的热潮。

2. 依照春夏秋冬季节排序

当商品没有折扣上的区别时，对于特定的一些商品品类，主播可以以季节为顺序将商品进行排序。例如，主播在整体介绍店铺的服装时，可以以春夏秋冬四季为服装进行分类；在介绍某品牌的口红时，主播可以以口红适合使用的季节进行直播排序。

提前安排好展示商品的顺序，对直播销售而言是十分重要的，安排好展示商品的顺序能够给消费者带来更舒适的观看体验。主播也可以通过安排商品的展示顺序一次次激发消费者的购物热情。

4.2 展示时

做好了展示商品的前期准备，主播也要掌握展示商品的方法。怎样展示商品才是有效的？怎样展示商品才能够刺激消费者下单？这需要主播明确消费者的需求，注重消费者的观看体验，强化消费者对于商品优点的记忆，同时激发消费者对于商品的想象力。

4.2.1 针对消费者的需求，有重点地介绍

丽江某位水果店店主，通过直播销售20分钟卖出水果120余吨；某服装店店主1天内卖出了2 000万元的销售额。在直播销售领域，这样的销售传奇并非不可实现。那么，这些主播是如何实现这些神话的？答案关键就在于他们抓住了消费者的需求。

很多主播都希望通过直播销售来增加店铺销量，但是实时互动的直播对很多主播而言都是十分具有难度的。很多主播不懂得在直播中与消费者聊天的技巧，也抓不住消费者的需求。

那么，主播应如何在与消费者的互动中了解粉丝的需求？通过怎样的讲解能够提高商品的成交率？商品不同，面对的消费者群体不同，主播使用的直播聊天技巧也不尽相同。

以美妆商品为例，主播应如何讲解才能提高直播间的成交率？

主播需要从消费者的需求出发，了解其痛点，基于直播间分享的商品优势（效果、价格、成分等）给出相应的解决方案。主播在展示商品时可以着重展示以下如图4-1所示的几个方面，这些都是消费者需求的重点内容。

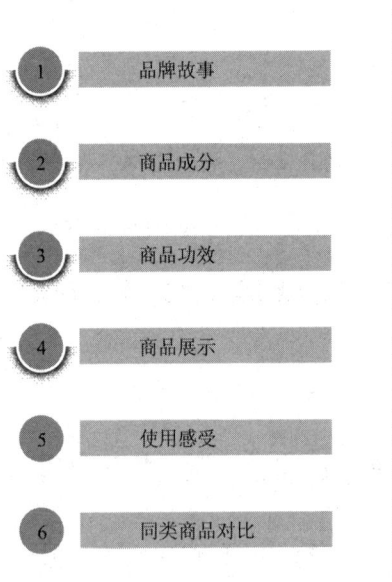

图4-1　展示商品的重点内容

1. 品牌故事

主播可以同消费者分享品牌创立及其发展过程中有意义的事件。它可以是自己的有意义的经历，也可以是品牌在发展过程中的具有代表性的事件。品牌故事介绍能体现品牌理念，加强消费者对品牌的认知，增强品牌的吸引力。

2. 商品成分

近年来，消费者对化妆品成分的关注度越来越高，很多消费者开始关心化妆品的成分有什么，是否对身体有害，等等。同时，他们也愿意为含有某种有效成分的商品而买单。比如，含有氨基酸的洗面奶、含有维生素B的舒缓修复乳液、抗衰老的精华或面霜等。主播在直播时可以依照商品成分表做好充分的准备，以便在直播中对商品成分进行详细的介绍。

3. 商品功效

很多直播主播在介绍美妆商品时都会重点介绍商品的功效，这也是消费者非常关注的一个方面，但是主播切记不要夸大、虚假宣传商品功效，否则就会有商品下架、直播限流的危险。主播需要用客观、公正的口吻对商品进行讲解。

4. 商品展示

主播在进行商品展示时，可以围绕商品讲解多方面的知识，如商品外观设计、使用技巧、使用效果等。

（1）商品外观设计：主播可以介绍商品的设计特点和设计优势。

（2）使用技巧：主播在展示商品使用技巧时，可以通过直播使用过程来展示。同时，主播直播使用过程，也可以让消费者直观地看到商品的使用步骤。

（3）使用效果：对于粉底、眼影等美妆商品，主播可以展示其上妆效果，让消费者明确了解商品的使用效果。

5. 使用感受

主播可以从使用前皮肤是什么状态到使用后皮肤状态的变化来讲解商品

的使用感受。

6. 同类商品对比

主播可以选择一些其他同类型商品，分析其不同之处，从而凸显自身商品的优势。

主播需要从消费者的需求出发，详细地为消费者介绍商品外观设计、商品成分、商品功效等多方面的优势。只有让消费者充分了解商品的优势，才能够激发消费者的购买热情，从而提高商品的销量。

4.2.2 体验介绍为主，让消费者看到具体的效果

很多消费者选择直播购物就是因为直播销售具有普通网上购物所不具备的体验性，消费者可以通过主播试用商品产生感同身受的体验，从而愿意购买商品。

为了更好地向消费者传递试用商品的真实体验，主播需要尽可能地将自己的真实体验表达清楚，让消费者充分感受到商品的功效或特征。在展示商品时，主播可以从如图4-2所示的几个方面入手做好商品的体验介绍。

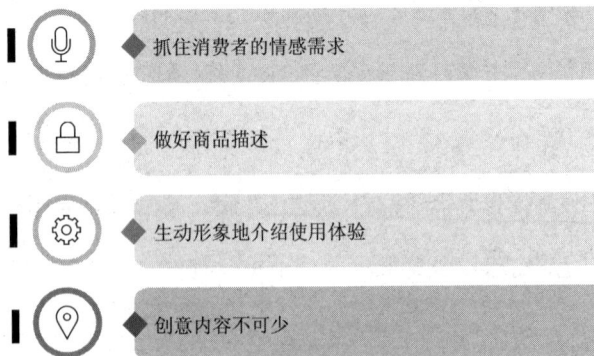

抓住消费者的情感需求

做好商品描述

生动形象地介绍使用体验

创意内容不可少

图4-2 做好商品体验介绍的要点

1. 抓住消费者的情感需求

主播在展示商品时，要调动消费者对商品的情感需求，从而将消费者与商品"捆绑"在一起，达到销售商品的目的。

想要抓住消费者的情感需求，主播需要分析消费者的特点、找出他们的痛点，并结合商品的特性分析商品，这些都需要主播提前做好准备。同时，在展示商品时，主播还需要有耐心和细心，将更多的精力放到商品和商品的情感延伸上。

2. 做好商品描述

主播在展示商品时，对商品进行描述是最基本的工作。在对商品进行描述时，主播需要对商品进行全面的分析，要将商品的整体特点和细节描述清楚，让消费者对商品有一个具体的认识。同时，在展示商品时，主播还要将商品的特点和亮点突出出来，让消费者产生购买欲望。

3. 生动形象地介绍使用体验

主播要生动形象地介绍商品的使用体验，让消费者更直观地感受到商品的使用效果。如果主播生硬地介绍商品，就会降低消费者对商品的感受，不利于商品的销售。

4. 创意内容不可少

每种商品都会有很多同类商品，主播如何做才能让消费者看到自己的商品？如果主播能够将商品体验表达得足够有创意，就能够使自己的商品在千万种同类商品中脱颖而出。所以，主播在描述商品体验时一定要加入自己的创意。有时一个出人意料的小点子就能够成就一个商品，这就是创意的魅力。

总之，主播在展示商品时，要注重介绍商品的使用体验，并讲出自己使用商品的真实感受。只有让消费者看到商品的具体使用效果，才能够更好地激发消费者的购物热情，从而实现商品的销售。

4.2.3　重复商品优点，强化消费者记忆

主播在直播过程中强化消费者记忆能够深化消费者对于商品的认知，从而促进商品的销售。那么，主播在展示商品时，应如何强化消费者记忆？这需要主播重复商品优点、掌握展示商品的规定动作。

以服装店铺的主播为例，在直播开始时，主播需要告知消费者当天会试穿多少种服装，试穿的服装有什么特点，有什么样的优惠活动，等等。

在直播的单品介绍环节，主播可以对每件服装进行5分钟左右的详细解说，对服装的外观、材质、样式、尺码、着装场景等进行解说。在展示服装的环节中，主播可以对该款式的外观进行详细的描述，以便突出商品优点，强化消费者记忆。例如，主播可以说："这件外套带有几何波浪纹，两边是收腰的，款式很别致。"

形象化的说明可以让消费者进一步了解商品的优点。在试穿服装的时候，主播需要说明服装的材质，服装所适合的体型以及合穿着的场景等。例如，主播可以这样说："我现在穿的这套工装裙是羊毛针织裙，同时又是灯笼袖，这样的款式适合多种体型，非常适合上班时穿。"

在展示商品时，一些消费者可能会希望主播多次展示某一件商品，那么这件商品可能就是本次直播中的热点商品。这时，主播可以应消费者的要求再次试穿/用，再次展示这件商品，并再次讲明商品的优点，以便刺激消费者尽快下单。

主播在直播过程中如何强化消费者记忆？这里有一些要点和技巧需要主播

学习，如图4-3所示。

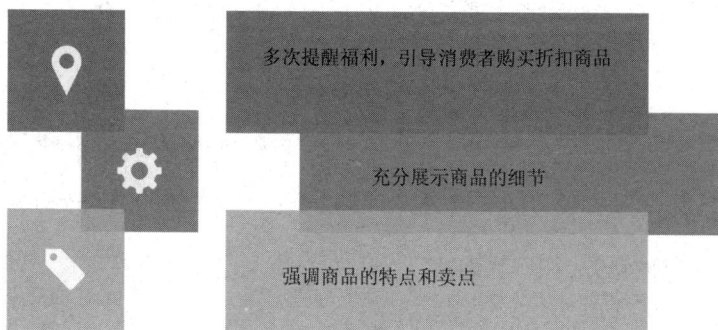

图4-3 如何强化消费者记忆

1. 多次提醒福利，引导消费者购买折扣商品

商品的优点能够吸引消费者购买商品，同样直播间的福利活动也能够刺激消费者的购买热情。因此，在直播过程中，主播需要多次提醒消费者福利，如"现在下单享九折优惠""本件商品7.5折促销"等，这种福利的多次提醒也能够强化消费者对商品优惠的认知，从而刺激消费者的购物热情。

2. 充分展示商品的细节

很多主播在展示商品时都会让商品贴近镜头向消费者展示商品的花色、纹理、手感等细节。主播还可以对着镜头摸一下衣料的质感，用指甲轻划一下皮具等，告诉消费者商品有非常好的手感和质感。同时，主播还可以适时展示商品的生产细节，如"这条裙子的镂空做得十分精致，同时裙摆的荷叶边更显俏皮"等。这种细节的展示也能够强化消费者对于商品优点的认知，有利于激发消费者的购买热情。

3. 强调商品的特点和卖点

在推荐商品时，主播可以把重点放在商品卖点上，比如材质、款式、服务等。主播还可以与其他品牌的同类商品进行对比，来体现商品性价比或商品在其他方面的优势，如"包包用的是PVC材质，耐磨且防水，这款包的性价比十分高"等。

福利提醒、充分展示商品的细节、强调商品的特点和卖点等都能够突出商品在价格、质量及特色方面的优势。主播对商品这些优势的强调能够强化消费者对商品优势的认知，引导其购买。

4.2.4 联想式描述，调动消费者想象力

小敏在淘宝开了一家童装店，平时也会每天定时进行直播销售，小敏店铺的衣服与其他童装店的服装并没有太大差别，但是她每次进行直播销售时店铺的销量总会节节攀升，这是为什么？

原因就在于小敏在为消费者介绍商品时，总是会营造出一些孩子穿上童装时的场景，这样能够充分调动消费者的想象力，从而促使消费者快速下单。

比如，小敏在介绍一款童装时，首先对这款童装的材质进行介绍："您是否经常为清洗孩子的衣服而苦恼呢？六七岁的小孩子正是活泼爱动的年纪，衣服经常脏、经常换都是不可避免的事情，但是这款衣服能够免去您的许多烦恼。这款衣服使用的是含纳米的面料，十分容易清洗，穿上这件衣服，孩子能够放心大胆地玩耍了，同时您也不必再为难洗的衣服发愁。"

同时，小敏又详细介绍了这件衣服的设计亮点："这件衣服面料柔软、制作工艺精良，柔和的颜色、漂亮的流苏都为它增色不少，同时，在衣领处还设计了荷叶边，十分新颖，穿上这件衣服，您的孩子就是班级里最靓的小朋友。"直播间的消费者听到小敏的介绍后纷纷下单，这件童装很快就成为小敏直播当天的爆款。

为什么小敏的介绍能够吸引消费者下单？原因就在于小敏在展示商品时

加入了联想式的场景描述。通过小敏的描述，消费者很容易就想起了平时清洗孩子衣服时的难题，也能够在小敏的引导下想象出自己的孩子穿上这件衣服的神气模样。通过引导消费者产生联想，小敏成功地吸引了更多的消费者购买衣服。

如果主播在展示商品时，通过场景式描述引发消费者的联想，就能够使消费者在联想的过程中加深对商品的认知，同时其也会令消费者更认同主播的观点。这对于消费者购买商品具有有效的引导作用。

4.3　展示后

展示商品是主播直播的重要内容，但是主播也要把握展示商品的时间，在消费者意犹未尽时停止展示商品，这样才能够让消费者保持对商品的兴趣并积极购买商品。同时，在展示完商品后，主播也要对商品的售后服务做出保证，免去消费者的后顾之忧。

4.3.1　在消费者意犹未尽时停止展示

用户购买商品的转化率和用户停留在商品页面的时长在一定条件下是成反比的。一般而言，当用户在商品页面的停留时间长于1分钟之后，时间停留得越长，用户购买的转化率就越低。当用户停留时间长于2分钟时，转化率下降得更加明显。用户在商品页面停留的时间越长，其考虑的因素也会越多，很有可能就会在犹豫之后放弃购买了。

在主播直播销售的过程中，这样的消费心理对观看直播的消费者来说同样适用。当主播为消费者推荐完一款商品时，想要购买该商品的消费者的购物欲望此时达到了顶点，这时主播就应该抓住这个时机，立刻放出商品链接让消费者马上下单。如果主播此时还在继续对商品做一些冗杂的介绍，反而会消减这部分消费者的购买欲望。

一位主播在向消费者推销一款家用健身产品，很多健身爱好者在听过该主播的介绍后就有了购买该产品的欲望，只等主播放出链接后马上购买，但是这位主播没有迅速将链接发送给消费者，而是担心自己对于产品的介绍还不够全面，于是继续介绍这款产品的优点。

在这位主播冗长的介绍中，原本购买欲望达到顶点的部分消费者开始思考这款健身产品是否合适自己，健身产品在使用时可能会发出噪声打扰到别人，等等，这时一部分想要购买这款健身产品的消费者打消了购买的想法。等主播终于放出这款产品的链接之后，原本想要购买这款健身产品的消费者只剩很少的一部分下单了。

主播想要把商品介绍全面的想法是对的，但这往往会给消费者留下更多犹豫的时间，而在犹豫的过程中，消费者的购买欲望或许就消失了。

当主播展示完一件商品后，此时正是消费者购物欲望最强烈的时刻，主播要把握好这个关键节点，立刻放出商品的购买链接，方便消费者迅速下单购买。

同时主播需要注意，在消费者意犹未尽时停止商品展示并不意味着主播可以随意中断对商品的介绍。如果主播没有介绍完商品的重点内容，那么消费者很可能会一头雾水，更不会产生购买商品的想法。主播要想让消费者在情绪高涨时购买商品，就必须要学会带动消费者的情绪，在成功地勾起消费者的购物欲望之后才能停止商品展示。

因此，主播在停止商品展示时需要注意如下两点。

首先，主播需要确认自己已经将商品的卖点展示给消费者后，再停止展示。

主播在想要停止商品展示前一定要明确自己是否将商品的全部卖点展示给了消费者。主播想让消费者对商品展示感到"意犹未尽"，就一定要保证自己对于商品的介绍足够吸引消费者。如果主播没有介绍完商品的重要卖点就停止了商品展示，那么消费者很难对商品感兴趣。

其次，主播可以提示消费者该商品还有部分惊喜功能等，让消费者自己发现。主播在展示商品时，可以隐藏一些商品的惊喜点，留给消费者自己发现。同时主播也可以告诉消费者商品还有一些惊喜，进一步提升消费者对商品的好奇和兴趣，提高消费者的购买欲望。

一位主播在推销一款针对女性开发的拍照美图手机时就采用了这样的方式来刺激消费者消费。首先，该主播将手机的重点功能拍照、美图等向消费者做了演示，利用手机惊人的像素和强大的美图功能成功吸引到了消费者的关注。然后，该主播把直播间的灯关上，在黑暗中又自拍了一张，展现出这款手机在暗处的人像捕捉功能的强大。很多消费者都惊奇于这款手机可以在黑暗中拍摄的功能，纷纷让主播换个场景再拍照试试。

这时主播就觉察到已经有部分喜爱拍照的消费者对该手机产生了购买欲望，于是这位主播又讲道："其实这款手机还有一个让人惊喜的拍照功能，在这里我就不展示了，最后的惊喜功能留给大家自己发现！发现的朋友可以在收货后私聊我，还有小礼物赠送哦！"这位主播及时停止了对商品的展示，同时给消费者设下了一个悬念，极大地刺激了消费者的购物欲望。

主播及时停止商品展示，能够让消费者对商品感到"意犹未尽"。当消费者对商品有还想继续观看展示的欲望时，就证明消费者的购物欲望被激发了，这对于主播直播间销量的提高是非常有帮助的。

4.3.2　保证售后服务，让消费者无后顾之忧

对主播来说，完善的售后服务能够使主播的直播销售发展得更加长远。如果主播希望能够吸引更多的消费者观看直播并购物，那么一定要在对消费者的售后服务上多下功夫。

一些主播在展示完商品后就准备介绍下一个商品了，并不提及商品的售后服务，这对主播销售而言是十分不利的。一些消费者可能想购买商品，但是并不了解商品的售后服务，因此犹豫要不要购买商品。如果主播在展示完商品后及时讲明商品的售后服务，那么会吸引更多的消费者下单购买。

某主播在直播间推销一款手机，该手机性能不错，价格也十分划算，而且现在下单还有小礼品相赠，但是直播间下单的消费者并不多。主播感到有些疑惑，这时她看到弹幕中很多消费者都在询问手机的售后问题，主播连忙说："除了以上的一些福利，这款手机的售后服务也十分有保障。凡是现在下单的朋友，都可以享受一个月内无条件包换的服务，同时耳机和充电器等配件3个月内包换，电池半年内包换。"

经过主播的一番补充，很多之前对手机售后不明确的消费者纷纷下单购买，最终这款手机在直播期间获得了不俗的销量。

主播保证商品的售后服务能够使消费者没有后顾之忧，更能放心下单。同时，主播在直播时向消费者所保证的售后服务不能只是说说而已，要说到做到。此外，主播不断完善店铺的售后服务对提高直播间的销量而言也是十分重要的。主播可以从如下几个方面入手做好售后服务，如图4-4所示。

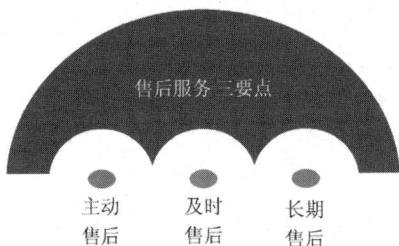

图4-4　做好售后服务的三要点

1. 主动售后

主播在商品售出后应当对商品的物流情况做实时追踪。有时候主播同时发出了很多商品，做起物流追踪来也会相对麻烦，在这种情况下主播也可以根据发货日期和距离计算消费者能收到商品的大致时间。

在多数情况下，从主播发货到消费者收货之间的时间是3~5天，主播可以在发货的5天后查看消费者是否已经收货。如果消费者没有收货，主播可以主动去提醒消费者，或者询问消费者是否是商品物流出现了问题等。

2. 及时售后

主播在消费者提出问题后应该立刻为消费者解决问题。一般而言，主播接收到的消费者提出的售后问题分为两类，一类是在快递运输过程中商品有所损坏，另一类是商品本身出现了质量问题。

快递造成商品破损是主播经常碰到的售后问题。虽然商品的破损是由快递造成的问题，但是主播也不要和消费者过多纠结于谁是过错方的问题。主播要知道，消费者并不关心商品损坏是快递的问题还是主播本身的问题，让消费者拿到完好的商品才是主播应做的事情。所以，主播在遇到这样的问题时，一定要立刻对消费者做出赔偿或补发商品，再去和快递公司协商快递破损的责任问题。

另外，当消费者反馈商品出现了质量问题时，主播应该立刻为消费者退换商品。

3. 长期售后

主播可以随时记录一些铁杆粉丝的姓名、联系方式等，长期售后即要求主播要注意维护和铁杆粉丝的关系。主播可以定期与这些铁杆粉丝进行沟通，询问其对商品的意见和建议，重视其反馈信息。主播做好对这些铁杆粉丝的长期售后，粉丝对主播的黏性也会提高，同时其也会更加愿意为主播做宣传。

主播应该时刻记住，真正的销售是从售后开始的。只有主播把售后服务做好，消费者才能够更加放心地在主播的直播间下单。

第 5 章

报价技巧：把准消费者心态

主播在对商品报价前一定要把准消费者心态。如果主播在报价时没有让消费者感到满意，消费者很可能就不会下单。主播在报价时可以利用多种方式给消费者一些新鲜感，也可以通过悬念式的报价来激起消费者对商品的好奇心，让消费者积极参与到直播互动中。主播在报价时只要能够把握好消费者心态，就能够调动消费者的积极性和参与热情，让消费者愿意下单。

5.1 报价基本技巧

为了激发消费者的购物热情，主播可以使用一些报价的小技巧，让商品更加吸引消费者的目光。同时，在报价时，主播也要让消费者了解到商品的实惠，消费者感觉自己将会获得实惠，自然愿意为主播所推荐的商品买单。

5.1.1 不标价格，出价就是成交价

在以往的交易模式中，总是商家开价，消费者还价，双方同意价格之后交易方可完成。例如，在餐馆中，商家事先将菜名和菜价标注在价目表上，消费者需要按价付款。除了这种传统的交易模式，还有一种新的报价方式，那就是不标价格，出价就是成交价的报价方式。

在美国匹兹堡市有一家餐厅，这家餐厅的菜单上只有菜名，没有菜价。消费者完全根据自己对菜品的满意程度付款，无论消费者付多少钱，餐厅都无异议。甚至当消费者不满意时，可以拒绝付款，餐厅也不会强行要求消费者付款。

事实上，在餐厅的实际运营过程中，大多数消费者都能够合理付款，甚至多付款。这种消费者自行定价的餐厅模式在国外已经有较为成熟的范例，但在我国还比较少见。

不标价格，出价就是成交价的报价方式隐藏了商品的重要信息，让消费者自己猜测价格并对结果负责，这也是这种报价方式的神秘之处。主播利用这样的方式报价可以很好地激起消费者的好奇心。

主播在用这样的方式进行报价时，需要注意3个要点，如图5-1所示。

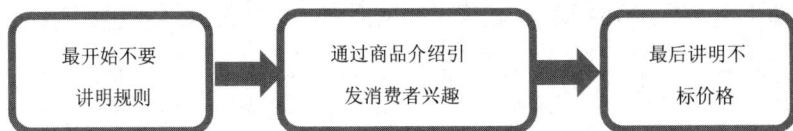

图5-1　"不标价格，出价就是成交价"实施3要点

1. 最开始不要讲明规则

主播在推荐一件商品时，不要在一开始就告诉消费者这件商品不标价格，而要先从商品本身入手向消费者进行介绍。一旦主播勾起了消费者对于商品的兴趣，消费者就会开始期待商品的报价，也会依据商品的价值估计其价格。

如果主播在刚开始介绍商品时，就告诉消费者该商品将不标价格，那么消费者很可能会先入为主地提前为商品定下一个极低的价格，之后当主播再次介绍商品的特点和价值时，就会难以动摇消费者最初的想法。

2. 通过商品介绍引发消费者兴趣

商品介绍是报价方式中最重要的内容，主播要想让消费者给予商品合适甚至更高的价格，就必须在对商品的介绍中充分讲明商品的价值，只有消费者充分了解并认同了商品的价值，才会给出更合理的价格。

3. 最后讲明不标价格

在介绍完商品后，在消费者购物热情最高涨的时刻，主播可以放出本次商品推销的最大亮点——不标价格，出价就是成交价。这种报价方式会使消费者的购物热情瞬间高涨，从而纷纷下单。同时，由于消费者通过了解商品的价值已经对商品有了一个较为合理的价格定位，所以一般会给出较为合适的价格。

主播只有掌握了上述报价方式的3个要点，才能在提高商品销售的基础上保证商品的销售额。同时，主播需要注意，在使用这种报价方式时，主播必须控制使用的次数。这种报价方式能够给主播带来更多关注，但是使用的次数越多，主播面临的风险越大。

5.1.2 设置价格锚点：原价499元现价299元

主播要想更快地销售一件商品，并且使消费者认为商品物有所值，那么为商品设置价格锚点就是主播必须要掌握的报价技巧。为商品设置一个价格锚点，就是让消费者有一个可以与商品现在的价格进行对比的价格，从而对商品现在的价格有一个正确的感知。

设置价格锚点就是利用商品的价格对比，设定一个可供参考的更高价格，让消费者感受到商品在直播中的销售价格更加实惠，促使消费者下单。

设置价格锚点是商家的常用报价方式，例如迪士尼乐园也会用设置价格锚点的方式来销售年卡。迪士尼乐园出售的年卡分别有如下3种：

（1）可以在周日进园游玩的年卡，售价为1 299元；

（2）可以在周日和工作日进园游玩的年卡，售价为1 599元；

（3）可以全年不限时进园游玩的年卡，售价为3 299元。

大多数消费者在经过权衡之后会认为售价3 299元的年卡价格过高，而且只比售价1 599元的年卡每周多了一天可游玩的时间；售价1 299元的年卡虽然比售价1599元的年卡便宜，却少了5天的可游玩时间。

经过这样一番对比，大多数人会认为售价1 599元的年卡十分便宜，于是就果断办理这张年卡，而这张年卡才是迪士尼最想要售出的年卡。在该案例中售价1 299元和售价3 299元的年卡就是两个价格锚点。

出于追求实惠的心理，大部分消费者在购物时会希望自己购买到性价比更高的商品。所以主播如果想要售出某商品，并不一定要在最开始就用该商品的低价来吸引消费者购买，主播可以在报价之前给消费者展示该商品原本的价格。

主播可以通过商品原有的更高价格的展示来让消费者看到商品的价值，再把商品现在的折扣后价格报给消费者。这样更能直观地让消费者感觉到自己现在购买该商品是获得了最大的优惠，促使消费者下单。

例如，在某次直播中，某主播需要销售一双价格为299元的真皮皮鞋。如果该主播在一开始就和消费者说这双真皮皮鞋的价格是299元，一类消费者可能会认为售价299元的皮鞋价格过高了，而另一类消费者则可能会认为这双真皮皮鞋定价299元，可能皮鞋的质量有问题。因此，两类消费者都不会愿意购买该皮鞋。

主播在报价前需要先引导消费者了解真皮皮鞋的市场价格，让消费者了解到一双真皮皮鞋一般售价为500元，如果是名牌皮鞋则要更贵。在消费者心中有了一个真皮皮鞋价格都在500元左右甚至更高的印象后，主播才能够更顺利地引导消费者购买皮鞋。

在引导消费者购买皮鞋的过程中，主播需要反复强调该皮鞋的原有价格，再展示现在的销售价格。比如，主播可以说："今天我们店铺的皮鞋清仓处理，现在以成本价格销售，原本价值499元的真皮皮鞋今天只卖299元。"

通过和主播一开始给消费者展示的真皮皮鞋的价格做对比，消费者可以直观地体会到主播所销售的皮鞋价格已经远低于市场价格，现在购买该皮鞋更加划算。在了解了这一点后，消费者就会欣然下单。

主播在最开始设定一个锚点价格，能让消费者在心中对主播所销售的商品有一个初步的价值判断，这样的做法对主播销售的成功有着极大的影响。主播在报价时设定商品的价格锚点，使消费者感受到自己现在购买该商品能获得实惠，消费者自然会愿意下单，直播间的销售额也就自然会提升了。

5.1.3　设置诱饵项：大牌平价替代款

有时候一款高质量的商品并不是十分便宜，主播想要利用价格优势把商品推销出去并不容易。这时如果主播想要让消费者迅速认识到该商品的价值并愿意为其买单，那么不妨寻找一些同类的大牌商品与自己的商品进行对比。

主播可以将自己所推销的商品与大牌商品进行对比，使消费者直观地了解主播所推荐商品的价值，而在消费者有了该商品能够替代某大牌商品的认知之后，主播再对商品进行报价。由于消费者已经认识到了该商品的价值，而该商品的价格又远低于大牌商品，消费者自然会觉得商品的价格十分划算，从而愿意下单。大牌商品价格和主播推销的商品价格之间的差距能够使消费者迅速发现主播所推荐商品的高性价比。

多数消费者在购买商品时，最关注的还是商品的性价比。很多大牌商品的质量确实优异，但同时商品价格也十分高昂，这些大牌商品价格高是因为价格中不仅包括商品的成本价格，还包括商品的品牌溢价。而一部分消费者并不愿意为品牌溢价买单。

主播需要明确大牌平价替代款商品的卖点以及目标消费者。在进行宣传时，主播应多次强调大牌平价替代款的商品拥有和大牌商品几乎相同的质量，或能够达到几乎相同的功效，但价格只是大牌商品价格的几分之一。对大多数注重性价比的消费者来说，大牌平价替代款商品已经能够满足其需求。

主播在利用大牌商品为自己的商品做宣传的同时，也能够借助大牌商品的质量、功效等使消费者对自家商品的质量、功效等有初步的了解。这样主播在接下来的推销中就可以以自家商品的高性价比为卖点，激发消费者的购物热情，使消费者在大牌效应和高性价比的双重刺激下痛快下单。

李佳琦在推荐完美日记的口红时就经常用其他大牌口红作对比：

"这支口红的颜色和YSL某色号的颜色几乎一模一样！"

"这不就是TF367号的颜色吗？"

这样的推荐语在李佳琦的直播间中十分常见。李佳琦就是利用了大牌口红上唇效果和他所推销的完美日记口红的上唇效果作对比，使消费者能够直观地了解完美日记口红的效果及其与大牌口红的相似度。

这样的推销方式使得消费者了解到李佳琦推销的口红和大牌口红的上唇效果别无二致。这时，在消费者认同购买完美日记的口红能得到大牌口红的使用效果，而付出的价格只是大牌口红的几分之一的情况下，相比购买更贵的大牌口红，更多的消费者愿意选择花更少的钱在李佳琦的直播间里购买完美日记的口红。

"大牌平价替代款"这个标签能够有效地激发消费者的购物热情，但是，主播在宣传大牌平价替代款商品时也需要注意，不能随意地讲某件商品就是大牌商品的平价替代款。如果主播所推销的商品功效与主播宣称该商品能够替代的大牌商品的功效相差太多，那么主播就会失去消费者的信任。主播在宣传一款商品是大牌平价替代款商品时必须以事实为基础。

5.2 报价的注意事项

正确的使用报价技巧可以帮助主播推销出更多的商品，同时，在商品报价中还有一些需要注意的事项。明确了这些报价的注意事项，主播才能够进一步激发消费者的购物热情，促使消费者消费。

5.2.1 先明确商品优势，让消费者觉得物超所值

主播在推销一款商品时，不要一开始就把商品的价格报出来。在消费者还不了解商品的情况下，主播报出商品的价格会让消费者一头雾水。同时，一旦消费者先了解了商品的价格，之后再听主播介绍商品时就会不断地拿该商品和其他同等价格的商品作对比，而这样的对比往往会使消费者更加挑剔，对商品的价格产生异议。

主播应该先将商品的卖点介绍给消费者，让消费者明确商品的优势。在消费者对商品有足够的了解之后，主播再对商品进行报价，这样更能够使消费者接受商品的价格。例如，主播想要推销一款定价300元的裤子，如果主播在介绍商品之前就说"今天我给大家推荐的这条裤子价格为300元"，一些消费者可能听到这里就退出直播间了。对这一部分消费者来说，他们一开始就觉得一条300元的裤子太贵了，就不想继续了解这条裤子了。

因此，主播要想把这条裤子推销出去，就不能在介绍商品之初就先告诉消费者这条裤子的定价是300元。主播应该这样做介绍："今天我想给大家推荐的这条裤子是店铺的经典款，选料严谨、制作精良，在裤腿分割、腰头设计方面都非常独特。此外，这款裤子也十分修身，是店铺春秋季节百搭的爆款产品。"

在主播介绍了这条裤子的优点后，一些消费者就会有了购买的想法，然后主播顺势报出价格："这条裤子售价是300元。"可能这会让一些消费者觉得这条裤子有些贵，但他们已经明白了这条裤子贵的理由，因此他们也会愿意为此埋单。

主播在报价前要先充分讲解商品的优点，让消费者明白商品的价值，而大部分消费者在购买商品时也希望可以购买到最适合自己的商品。如果主播对商品的介绍激起了消费者的购买欲望，那么他们对于商品的价格问题就会放松要

求。先明确商品优势再报价的方式对主播的推销而言是十分有利的。

某主播在推销一款面霜时，刚把面霜拿出来就和消费者说，本款面霜今日优惠促销，今天下单只需要199元。虽然面霜有优惠，但直播间内下单人却寥寥无几。

这种刚开始介绍商品就报价的方式，会让很多消费者对商品价格产生疑问：这款面霜为什么这么定价？到底值不值这个价格？消费者会对商品产生诸多疑虑，如果主播不先解决好消费者的疑虑，就想让消费者直接下单就有困难。

同样在推销这款面霜时，另一位主播的做法就有所不同。该主播在推销商品前会先和消费者聊天："前几天脸上长痘了，让人十分心烦。正好昨天店铺新上了一款面霜，主要功效就是祛痘。从昨天到现在我一共涂了3次，脸上的痘痘消了不少，祛痘真的十分有效。"

这时候该主播才拿出来她要推销的面霜展示给消费者，并且一边展示面霜一边继续介绍："我是敏感肌，用这款面霜也没有过敏反应，同样是敏感肌的朋友真的不要错过。不光是祛痘，我今天感觉脸上也不怎么出油了，感觉一下子清爽了很多，脸上经常出油的朋友也可以买来试一试哦。"

该主播先对这款面霜做了详细的描述，并且用自身的经历让消费者更加信服这款面霜的功效。通过主播的推荐让消费者明确了该面霜的优点，使消费者产生了购买的欲望。

同时，该主播在详细地介绍了这款面霜的功效后报出了具体价格："这款面霜是店铺上新商品，现在下单享受8折优惠，只要199元。平时大家解决痘痘、改善皮肤的水油平衡问题一般要买两款面霜。今天这一款面霜就能解决这两个问题，相当于花了一款面霜的钱买了两款面霜，想要尝试的朋友可要抓紧时间下单哦！"

其实这位主播所推荐的面霜价格在同类产品中并不占优势，但是通过主播详细的讲解，精准抓住了部分消费者的痛点，使他们对该面霜所能达到的效果产生了期待。消费者的期待值大大提高了，对商品价格的心理预期也就随之提高。主播只需要抓准这个时机报出价格，就能让消费者心甘情愿地为商品买单。

5.2.2　让消费者先知道正常价格，再知道折扣价格

主播在报价时需要注意的另一点是不要一开始就让消费者知道商品的折扣价格。在介绍某件商品时，如果主播在介绍商品的一开始就把折后价告诉消费者，就相当于亮出了自己的底牌，把选择权交到了消费者的手上。而商品的价格过低并不一定能够吸引消费者购买，反而会令部分消费者对商品的质量产生怀疑。

假如某件商品原价是100元，折后价格是50元。一位主播在介绍商品的一开始就告诉消费者这件商品的价格是50元，那么就会有一部分消费者认为50元并不是商品的价格底线，主播还有很大的利润空间，因此这部分消费者并不会认可这个价格。

在某件商品有折扣价格时，主播想要促使消费者下单就要学会正确的报价方法。主播应该先把商品的原价展示给消费者，让消费者明白该商品应有的价值，再告诉消费者这件商品现在正在打折，折扣后的价格是多少。消费者一旦先明确了商品的价值再得知折扣价格，就能够直观地感受到商品折扣价为其带来的实惠，下单时也就更加干脆。

某主播需要推销一款正在促销的空气净化器，该空气净化器的原价为1 999元，而优惠价格只要1 299元。这位主播在推销这款空气净化器时直接报价："这款空气净化器只要1 299元。"由于其价格远低于拥有同样功能的空气净化器，直播间里的

很多消费者开始质疑这个定价。

"怎么这么便宜？是不是质量不太好啊？"

"有这样的功能的空气净化器不可能是这个价格吧？我看同功能的空气净化器价格起码要1 800元。"

这时主播又介绍说这是优惠后的价格，但仍有很多消费者并不相信，而一部分消费者则认为即使这款空气净化器售价为1 299元，主播也拥有可观的利润，然后这些消费者就会继续讨价还价，希望能够获得更多的优惠。而该主播已经难以再给出优惠。这个大力度的折扣反而让许多消费者感到不满，最终这款空气净化器的销量十分惨淡。

同样是推销这款空气净化器，另一个直播间里主播的做法就大不相同。该主播先是对这款空气净化器做了详细的介绍，在报价时也没有急于报出优惠价格，而是先给消费者展示了这款空气净化器的市场价格。

"朋友们可以看一看，这款空气净化器在京东和苏宁的价格为1 999元，而我们店铺之前这款空气净化器的售价也一直是1 999元，但是现在店铺周年庆期间许多商品都有优惠活动，这款空气净化器也正在进行折扣促销，现在购买只需要1 299元！"

主播的这番介绍使得直播间的气氛瞬间高涨，在如此大力度优惠的吸引下，许多消费者纷纷下单，最终这款空气净化器获得了不俗的销量。

该主播在推销这款空气净化器时，先报出了商品的原价，使消费者了解到该款空气净化器的应有价值。之后主播再报出这款空气净化器的优惠价格，消费者就会觉得此时购买该款空气净化器可以获得相当大的实惠。这样的报价方式极大地提高了消费者的购买欲望。

第 6 章

消除犹豫：临门一脚促成交

　　在进行直播销售的过程中，主播可能会经常遇到这种情况，有些消费者明明对商品很动心，却迟迟不肯下单。对于这些消费者，主播要掌握促成交易的各种小技巧，刺激消费者尽快下单。同时，在与这些消费者进行沟通的过程中，主播也要找到消费者难以快速下单的理由，在把握消费者需求的前提下，针对不同的消费者采用不同的方法，有针对性地刺激消费者购买商品。

6.1 有效促成交易的四大方法

对于这些犹豫的消费者，主播应如何引导他们下单？这就需要主播掌握有效促成交易的四大方法：优惠成交法、保证成交法、从众成交法和机不可失成交法。

6.1.1 优惠成交法

优惠成交法是指主播通过为消费者提供优惠的方式使消费者立即下单的一种方法。这种方法主要是为了满足消费者追求实惠的心理，通过销售让利来促使消费者下单。

优惠成交法能够有效引导消费者顺利下单，但是，主播采取优惠成交法，通过给消费者让利来促成交易，势必会导致销售成本上升。因此，在使用优惠成交法时，主播必须把握优惠的尺度，如果主播没有把握优惠的尺度，那么即使商品的销售量有所提升也会减少销售的收益。

在使用优惠成交法时，主播要注意如下两点：

首先，主播不能随便给了消费者优惠，否则消费者会提出进一步的优惠需求，直至触及商品的价格底线。因此，主播在让利消费者时，需要把握一定的节奏，不可直接给予消费者最大幅度的优惠，为消费者提出进一步的要求留下余地。

其次，当消费者提出进一步的优惠要求时，主播要尽可能地表现得真诚，向消费者表明当前的优惠已经是很大了："现在这个优惠真的已经超级划算了，再低的话我真的会亏的。"通过向消费者表明当前优惠已经是非常大的力度，主播能够让消费者了解自己已经做出了最大的让步，这也能够让消费者心满意足地顺利下单。

同时，在使用优惠成交法时，对于不同的消费者主播可以给予不同的优惠。比如，对于本店铺的会员，主播可给予其更多的优惠，在这时主播也需要向消费者表明给予其更多的优惠原因："其他的消费者我最多给9折，但您是本店的会员，因此可以享受8折的优惠。"这样能够使这些店铺的会员产生一种满足感，除了刺激其更快下单，也有利于这些会员的留存。

此外，在消费者使用优惠成交法时，所给出的优惠并不一定是当时就能够使用的优惠。比如，在引导消费者下单时，主播可以为其发放回购的折扣券，这样不仅能够让消费者感受到主播让利的心意，刺激消费者快速下单，同时也有利于吸引消费者进行回购，有利于店铺的长久发展。

6.1.2 保证成交法

保证成交法是指主播直接向消费者表示成交保证来促使消费者下单的一种方法。所谓成交保证是指主播对消费者所允诺担负的交易后的某种义务，如售后服务等。保证成交法有效针对消费者的忧虑，通过提供保证以增强消费者的信心，有利于消费者迅速做出购买决定，有利于有针对性地解决消费者的疑虑，从而促成交易。

同时，在使用保证成交法时，主播必须要做到"言必信，行必果"，否则就会失去消费者的信任。使用保证成交法的优点表现在如下4个方面。

第一，可以消除消费者的成交心理障碍。

第二，可以增强消费者成交的信心。

第三，可以增强主播的说服力和感染力。

第四，有利于主播妥善处理有关的成交异议。

此外，在使用保证成交法时，主播要注意其使用时机。在如下3个场景中，主播可以使用保证成交法促成交易。

（1）商品单价高，成交金额大，消费者对商品了解不够，对商品的性能、质量没有把握，从而对下单犹豫不决时，主播应向消费者提供保证，以增强消费者成交的信心。

（2）消费者对商品销路尚无把握，或者消费者认为商品的规格、结构、性能过于复杂时，主播应向消费者提供保证以减少其疑虑。

（3）消费者对下单后可能遇到的一些问题存在后顾之忧时，主播应通过提供保证消除消费者的后顾之忧，促使其尽快做出下单决定。

例如，当消费者问："如果我买了这个商品以后，发现质量有问题，那么应该怎么办呢？"这时主播可以说："本店铺的商品都是十分有保证的，出现质量问题的概率非常低，如果真的出现了质量问题，您可以反馈给我或客服，我们将马上给您更换。"主播做出保证，能够有效地促成交易。

6.1.3 从众成交法

从众成交法是指主播利用消费者的从众心理促使消费者快速下单的一种成交法。主播在使用从众成交法时，必须分析消费者的类型和购买心理，有针对性地采用从众成交法促使消费者快速下单。

例如，一位消费者看中了一套化妆品，却没有想好要不要买，这时主播可以说："您真有眼光，这套化妆品是本店铺的销量冠军商品，每月都会卖出5 000多套，许多女士买回去用了以后都觉得效果好，因而选择回购。"如果消费者还在犹豫，那么主播可以说："其实我自己用的也是这一套化妆品，从上架到现在使用了差不多3个月了，美白效果十分不错。"经过主播的劝说，消费者就快就能做出购买决定了。

从众成交法遵循了消费者的从众心理，主播在使用从众成交法时可以降低销售劝说的难度。在大多数情况下，主播在使用从众成交法时是十分有效的，但是这种方法对追求个性、喜欢表现自我的消费者而言，常常会起到相反的作用。

同时，在使用从众成交法时，主播向消费者表明的各种数据必须是真实可信的。主播需要以事实为依据，不能以虚假信息欺骗消费者，否则就会极大地影响主播及店铺的信誉。

6.1.4　机不可失成交法

机不可失成交法也是一种有效的促成交易的方法。"怕买不到"是消费者在购物时常见的心理，一旦消费者意识到现在是购买商品的难得的良机，他们就会立即采取行动，从而实现快速下单。因此，主播可以通过给消费者施加一定的压力来刺激对方及时做出购买决定。

机不可失成交法遵循了消费者怕错失良机的心理，能够引起消费者对商品的注意，刺激消费者的购买欲望，从而促使其快速下单。在使用机不可失成交法时，主播要做的就是制造各种机不可失的场景。在制造这种场景时，主播需要掌握如下小技巧。

（1）限数量，如"本商品限量1 000件，欲购从速"等。

（2）限时间，如"新品上架，首日限时9折""季末清仓，精品服饰限时3天甩卖"等。

（3）限服务，如"前1 000名客户，本店赠送保修3年""前1 000名客户享包邮"等。

（4）限价格，如"购物节期间商品一律8折，购物节后立即恢复原价"等。

机不可失成交法能够为消费者营造出一种紧张感，让消费者感到购买商品的机会转瞬即逝，从而促使消费者快速下单。主播使用机不可失成交法能够激发消费者的购物热情，最终提高商品销量。

6.2　明确不同消费者的不同需求

主播在推销商品时往往会面对不同类型的消费者：有的消费者在下单前会考虑很多，不知是否需要购买该商品；有的消费者会对商品价格产生疑问，认为商品价格过高，不值得花这么多钱购买；还有一种消费者则会在下单之前习惯性地讨价还价。在面对这3种不同类型的消费者时，主播的应对方式也应有所不同。只有正确的应对方式才能帮助主播把商品更好地推销出去。

6.2.1　考虑型消费者

考虑型消费者在购买一件商品时总是犹豫不决，主播则应该在此时换位思考，根据不同状况采取不同的推销策略，在推销中掌握主动权，尽快达成交易。尽管消费者在犹豫，但这也表明消费者对于商品是有需求的，主播需要做的就是刺激消费者快速下单。在刺激消费者下单时，主播首先要搞清楚考虑型消费者犹豫不决的原因。

一种原因可能是消费者对主播所推销的商品有些兴趣，但并不了解商品的细节，所以无法确定自己是否需要购买该商品。对处于这一情况的考虑型消费者，主播需要多次主动问询，将消费者犹豫不决的原因弄清楚，再根据具体情况帮助消费者打消疑虑并促成交易。例如，主播可以主动询问："关于这个防晒霜的功效还有哪位粉丝朋友不太清楚吗？可以随时向我提问。"除了主动询问，主播也可以重复强调商品的优点，使消费者打消疑虑并快速下单。

如果消费者已经了解了该商品，只是对是否需要购买该商品有些犹豫，在考虑是现在购买还是以后购买，那么主播可以向消费者强调现在购买该商品可以获得的优惠。例如主播可以对这类消费者说："还在犹豫的粉丝朋友不要犹豫了，现在我们做活动，可以五折购这件衣服，机会只限今天一天，错过了就要多花很多钱。"这种优惠能够大大缩短消费者考虑的时间，促使其快速下单。

此外，主播也可以主动给考虑型消费者一个选择，不是再让这类型消费者考虑"买或者不买"而是考虑"买A或者买B"。主播可以以一件商品为主推出两种套餐，A套餐更加经济实惠，B套餐在功能上有一个升级，然后询问消费者是选择A套餐还是选择B套餐。

这样无论消费者考虑的结果是购买A套餐还是B套餐，主播都可以成功促成这一单交易。同时，主播在使用这种方法时不要给消费者更多的选项，选择太多反而会令消费者更加犹豫，结果可能会适得其反。

考虑型消费者往往有着较强的购买欲望，只是有一些因素让其犹豫不决。主播要对该类型的消费者循循善诱，利用不同的方式刺激消费者的购买欲望，或者帮助消费者做出选择。同时，主播也应对所推销的商品负责，做好售后服务工作，让消费者感受到自己购买该商品是获得了实惠，这样消费者在进行回购时就不会再犹豫不决了。

6.2.2　经济型消费者

部分消费者出于对商品性价比的考虑，会在下单前对商品价格产生疑问，担心自己付出的价格会远高于商品应有的价格，这时他们就会持观望态度。这部分消费者已经有了购买的想法，只是出于对商品性价比的考虑不敢随意购买。对于这部分消费者，主播要做的就是展示自家商品价格的合理性，以此来吸引这部分消费者购买商品。

如果主播所推销的商品在同类商品中已经占据了价格优势，那么主播可以对消费者说："我们店铺里的这套化妆品价格已经很低了，别家店很难给到这么低的价格，而且现在店里还有满减活动，满减完之后价格更加划算。"主播讲明商品的价格优势，能够有效刺激经济型消费者快速下单。

当主播所推销的商品价格在同类商品中不占优势时，主播可以从两方面进行推销。一方面，主播可以从商品的质量入手，向消费者强调自己的商品比同类商品的质量更好。如果主播推销的商品的质量更好，使用体验也高于价格更低的同类商品，那么商品的竞争力就体现出来了。主播需要反复强调商品的优势，相比其他价格更低、质量不好的同类商品，消费者自然会选择主播所推荐的价格稍高但质量更好的商品。

另一方面，主播可以将自家商品价格高的原因一一剖析出来，从制造商品所需的创意、人力、物力等各个方面开始分析，使消费者了解该商品制作的难度和独特的价值。例如，主播推销的鞋子都是本店铺手工制作的，这时主播就可以向消费者强调鞋子的选料严谨、设计独特、手工制作等特点。在充分认识到商品价值的情况下，消费者就会认为商品的价格是合理的，也就会欣然下单了。

主播只要掌握了经济型消费者的心理，对商品的价格做出一个合理的解释，就很容易吸引经济型消费者下单。价格低廉是该类消费者的基本追求，但其同样追求商品的性价比，因此即使主播推销的商品价格稍高，只要主播能够解释清楚商品价格稍高的原因，经济型消费者也会愿意为其买单。

6.2.3 讨价还价型消费者

有一部分消费者会习惯性地讨价还价，在面对这类消费者时，主播也不要显得不耐烦，消费者就是上帝，主播想要把商品推销出去，就要设法在价格上与消费者达成共识。讨价还价型的消费者对价格十分敏感，当这类消费者开始讨价还价时，主播要首先判断其想要的价格自己能否接受，然后根据不同情况采取不同的应对方法。

如果讨价还价型消费者最开始提出的价格就是主播无法接受的价格，那么主播可以明确表示这个价格不可以，同时向消费者说明商品的定价是非常合理的，向消费者表明定价的标准。在应对消费者的讨价还价时，主播可以适当给予消费者一些优惠，如果消费者还是不满意商品的价格，主播可以将商品的细节详细展示给消费者，证明自己现在提出的价格已经十分优惠了，没有再次降价的空间了。在清楚主播的价格底线之后，消费者也就会接受这个价格从而下单了。

同时，当消费者对主播提出的价格不满意时，主播也可以通过告知消费者商品附带的其他服务来补足消费者的心理落差。比如，主播可以告诉消费者，其购买的商品全年保修或者提供上门安装服务等。只要主播讲明商品所包含的其他服务，消费者自然也就明白了商品价格的合理性，从而完成交易。

当这类消费者提出的价格在主播所能接受的范围内时，主播也不要马上就同意。如果主播同意得很干脆，部分消费者就会察觉到这个价格并不是商品的价格底线，他们可能会再次讨价还价。所以主播在这时应该表现出为难的态度，并且尝试在消费者所提出的价格基础上稍微提高一些，以此来试探消费者所能接受的最高价格。

在应对消费者讨价还价的过程中，主播应时刻注意中线法则，即对于讨价还价型消费者，最开始开价与之后跟价的中间价格基本是双方都可以接受的理想价格，同时也更接近后出价者的心理价位。因此，主播可以通过分析商品定价与消费者提出的价格来揣摩消费者能够接受的理想价格。

讨价还价型消费者虽然会降低主播的收益，但其依旧能够为主播带来利润，所以对于这类消费者主播需要耐心对待。对于合理的讨价还价，主播可以接受；对于不合理的讨价还价，主播也应告知消费者为什么价格不够合理。对于讨价还价型消费者，主播要给予其合理的优惠，这能够使消费者心理得到满足，同时主播也能够将商品顺利推销出去，形成双赢的局面。

6.3　促成交中的注意事项

当消费者明确表达了购买意向后，主播还不能够放松。在消费者真正付款前主播还应注意到一些事项，以免使消费者的购物欲望衰减，打消购物的想法。只有消费者真正付款了，交易才算成功。

6.3.1　强调商品的优势，激发购买欲望

主播推销一款商品之前，首先要研究该商品所针对的目标消费者是哪些人，确定商品的目标消费者之后，主播就要了解这些消费者最想要的是什么，他们的痛点在哪里，自己所推荐的商品将怎样解决这些消费者的痛点。

为了让消费者下单，主播在推销商品的过程中可以先提出消费者的痛点，然后讲解商品可以解决这个痛点，以此强调商品的优势。这样的讲解能够极大地激发消费者的购买欲望，促使消费者下单。

李佳琦在直播中就经常用这种方式来促使消费者尽快下单。以他推销口红为例，每一款口红针对的肤色、肤质都不一样，因此在口红试色过后李佳琦都会告诉消费者，例如："这个颜色适合黄皮，上嘴特别显白。"然后在放上口红链接前李佳琦会不断强调，"黄皮的女生必须买这款！真的很显白！"

很显然，这款口红的目标消费者是黄皮肤女生，皮肤黄是黄皮肤女生想要解决的痛点，李佳琦就针对这部分女生不断强调这款口红"适合黄皮肤""显白"的优势，让黄皮肤女生感觉到这款口红确实可以解决她们的问题。这样这些女生的购物欲望就被极大地提升，从而快速下单。

主播反复强调商品的优势也是对消费者的一个心理暗示，一方面可以抓准消费者的痛点让消费者下单，另一方面主播通过反复强调商品优势，让消费者确信自己确实很需要这件商品，因而不再犹豫决定下单。

一位主播在推销一款饼干时也用了这样的方法。该主播在介绍完这款饼干后已经有部分消费者下单了，但是该主播为了激发潜在消费者的购买欲望，再次强调了这款饼干的优势："这款饼干奶香浓郁、口感酥脆，同时有6种口味可供选择，想要收获美味的粉丝朋友一定不要错过这款饼干！"主播通过反复强调饼干的口感和口味，又吸引了很多犹豫不决的消费者纷纷下单购买饼干。

主播在促使消费者下单时应注意，消费者购买一件商品一定是因为这件商品的优势符合了他们的需求。所以，主播想要让更多消费者确定自己对商品存在需求，就要反复强调商品的优势。只要主播能够抓准时机，对商品优势进行反复宣传，就能把消费者的购买欲望调动起来，让消费者在购买欲望最强烈的时刻痛快下单。

6.3.2　立即提出付定金或全款，不给消费者考虑的时间

部分消费者在最终下单前会犹豫不决，这时主播就要赶紧提出让消费者付款，以防消费者在犹豫过后失去购买的欲望。有时候主播推销的商品是预订类商品，可能主播在介绍商品时有很多消费者会表达购买意向，但等商品上架后这些消费者的购买欲望已经减弱了，因此真正下单的消费者可能并不多。

周亮是一家淘宝水果网店的店主，同时也会通过直播销售来推销店铺里的水果。周亮店铺中的水果几乎全部来自自家果园，每当一种水果成熟前夕，周亮都会在直播间预告即将上架的水果。

2019年4月，果园中的草莓即将成熟之际，周亮在直播间详细介绍了草莓的品种、口味等，并向消费者预告了草莓的上架时间："草莓会在一周后上架，到时候大家一定不要忘记购买。"令周亮感到意外的是，虽然观看直播的许多消费者都表明了自己的购买意向，但是草莓上架后的销量并不理想。

在经过反思后，周亮认为草莓销量不高的原因就在于自己在直播时并未及时满足消费者的购物需求。几个月后，果园里的桃子成熟了，在这次进行桃子的预售直播时，周亮除了介绍桃子的品种、特点，还在直播间放上了桃子的预售链接："桃子将在半个月后上架，想购买桃子的朋友可以点击链接预付定金，现在预订的客户在桃子上架后将会优先发货，同时预付定金还能享受8折优惠，大家快来预订吧。"

经过周亮这样的宣传，直播间里的许多消费者纷纷预订了桃子，支付了定金。同时，半个月后桃子正式上架时，已经支付了定金的消费者自然不会让定金白白损失掉，于是都痛快地购买了桃子。

主播在直播销售过程中要时刻把握消费者的购买欲望，一旦消费者表现出

了强烈的购买意向，主播就要乘胜追击，立刻让消费者支付定金或者全款，不给消费者考虑的时间。这样做能够最直接地减少消费者犹豫的时间，提升商品的成交率。

第 7 章 ————————————

促销法则：特殊节日提升销售量

　　为了提高商品的销量，主播要学会使用各种促销法则。结合特殊的日子、时事来开展各种促销活动，能够有效地提高商品的销量。在促销方面，纪念式促销、借势促销、自创主题促销、时令促销等都是主播需要学习的促销法则。

7.1 纪念式促销

纪念式促销是主播开展促销活动的重要方法。在节假日、纪念日等具有纪念意义的日子里，消费者的购物需求会空前高涨，如果主播能抓住消费者的需求，积极开展各种促销活动，就可以顺利地完成商品销售。同时，主播也可以在店铺中设立会员日、制定特定节日，为消费者的消费制造一个理由。

7.1.1 节假日：情人节99朵玫瑰5.2折

利用节假日促销是纪念式促销的表现方式之一。在节假日里，消费者对于特定商品的消费需求会空前暴涨，如很多消费者会在情人节购买鲜花、在中秋节购买月饼等。因此，如果主播在节假日使用正确的促销方式，就能够进一步激发消费者的购买需求，提高自身销售量。

2019年情人节前夕周先生在直播间提前开展了"99朵玫瑰，情人节5.2折"的促销优惠活动。尽管玫瑰花的快递费用不低，但自从促销活动开展以来，已经有不少消费者在周先生的花店里网购了玫瑰花，而在2月14日这一天，周先生花店里的玫瑰花销量更是达到了平日的8倍。

如此划算的5.2折购99朵玫瑰花的优惠活动，当然会打动不少消费者，尤其是受到了许多青年男女的热捧。在淘宝开设花店两年多的周先生说："情人节年年有，今年当然也会过。我们店针对情人节特别推出了个性化的5.2折玫瑰花产品。原价788元的99朵玫瑰花束现价只要410元，共4种花型供消费者选择。目前，最受欢迎的一款是知风草玫瑰定制花盒，用知风草和玫瑰花进行搭配，不仅层次设计感强，同时也强调了

'我爱你'的主题。"

　　周先生还表示，消费者下单后，店铺会第一时间发货，市区内免费配送，其他区域要加收配送费，具体费用明细在商品详情页有展示。如果消费者有备注，那么店铺也会提供免费贺卡，并会按照消费者要求填写留言。

　　另外，为避免不必要的纠纷，周先生在直播间和店铺内都张贴温馨提示。

　　（1）由于鲜花属于生鲜产品，所以不支持7天无理由退换货。请消费者当面验货，如有问题请在12小时内联系客服人员。

　　（2）鲜花包扎后无法进行二次销售，故因消费者问题造成的配送失败问题，店铺不承担相应责任。

　　（3）节日期间配送资源紧张，如消费者需要更改配送订单信息，请提前3天告知客服人员。如已经按照订单配送则不接受更改信息，敬请谅解！

　　从上述温馨提示可以看出，情人节的玫瑰花具有很强的时令性。所以，周先生在开展玫瑰花促销活动时特别注意配送安排、时间性等问题。

　　节假日促销是常见的促销方式，其以突出纪念性为主要特征，即在特殊的日子给消费者特殊的优惠权益。主播需要在促销方案中整体把握好活动的方向和效果，在促销效果方面，突出第一印象的创意促销能够给消费者带去更强的冲击力。那么，如何开展创意促销？主播需要做好如下两个方面。

　　一方面，主播要创新促销内容。内容决定质量，一个促销活动的内容和质量紧密相连，因此主播要做到商品有创意，优惠有实意，质量有诚意。主播可以在商品的包装组合以及配送条件等方面展现促销的创意。例如，在春节期间，人们都在积极准备年货，这时注重实惠的消费者可能更看重米、面、油等实物礼品。所以，当消费者的消费额度达到一定标准后，主播可以以组合形式将这些实物礼品赠送给消费者。

另一方面，主播要创新促销活动的宣传方式，有创新性的促销宣传更容易打动消费者。例如，主播可以为促销活动拍摄一个创意小视频，发布到微博等社交平台上。这不仅能够宣传直播销售的促销活动，还可以为直播引流。

主播在节假日开展促销活动能够使促销产生更好的效果，除了可以提高商品销量，还可以扩大商品及店铺的知名度。在激烈的市场竞争中，主播要为消费者提供不一样的消费体验才能够抓住消费者的心，特别是当同类商品众多，消费者需求相对疲软时，如何抓住消费者眼光是主播需要重点思考的问题。主播在节假日结合商品和消费者需求进行创意促销可以使自家的商品在众多同类商品中脱颖而出，最终实现提高商品销量的目的。

7.1.2 纪念日：生日期间购买可享受免单抽奖

北京一家自助烤肉店规定，消费者生日当天凭身份证进店消费可享受免单抽奖活动。另外，店铺还会赠送长寿面一份。为生日期间的消费者免单、赠送小礼物等是餐饮店常见的纪念日促销活动。在消费者生日当天进行促销活动，就是因为这样的促销活动能够为消费者带来不一样的消费体验。消费者会感到自己是幸运的，是被重视的，这会为消费者带来良好的消费体验。

很多人都十分重视自己的生日，主播也可以借助这个日子和消费者联系感情，用免单的方式向消费者传递祝福，并为其制定个性化的促销方式。

例如，主播可以在消费者生日当天为其发放折扣优惠券并附上生日祝福。消费者在生日这天收到优惠券时会感到温馨，也能体会到主播的用心。同时，为了体现自己的用心，主播在为消费者发放优惠券时一定要考虑消费者的偏好。

主播为消费者提供的生日礼物或消费折扣都是一种有效的促销手段，主播可以借消费者生日、结婚纪念日等具有纪念意义的日期，围绕其习惯偏好，展示消费者可能关心或感兴趣的商品或服务。

在生日、结婚纪念日等纪念日进行促销也能够激发消费者的购物热情，那么，主播怎样才能做好纪念日促销，发挥其最大功效？在开展纪念日促销时，主播需要做好如图7-1所示的几个方面。

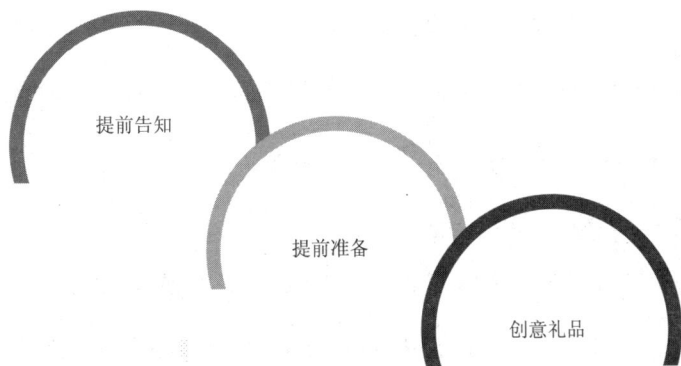

图7-1　开展纪念日促销

1. 提前告知

纪念日促销都是针对消费者纪念日当天的活动，但是有些消费者不一定事前知道主播有此优惠，所以，主播需要在消费者消费后主动询问其生日、结婚纪念日等日期，提前告知其纪念日的促销活动。同时，主播也可以在店铺显要位置张贴温馨提示，让消费者知道该店铺提供纪念日免单和其他优惠活动。

有些主播没有提前告知消费者店铺的优惠活动，往往在消费者主动问起时才会告知其有纪念日的促销活动，这样显然不会给消费者留下好印象。

2. 提前准备

在消费者纪念日前夕，主播除了要提前告知消费者店铺的纪念日活动，还要为纪念日活动做好准备。例如，主播需要提前向消费者发放纪念日的优惠礼券，提前准备好赠送消费者的小礼品等，同时，主播还要核实礼券内容是否准确，是否具有针对性。符合消费者需求的礼券和礼物更能获得消费者欢心，从而激发消费者的消费行为。

3. 创意礼品

在纪念日促销活动中，主播也可以为消费者准备一些富有创意的礼品，礼品可以是自家店铺商品的个人定制款，这样既能够推广店铺，同时也能够显示出主播的心意。主播需要向消费者重点介绍店铺的这一特色，同时可以依据实际情况设置礼品获取的门槛。

当然，纪念日促销的本质就是以特殊的时间点为促销理由，为消费者提供满意的商品。纪念日促销之所以更容易被消费者接受，是因为消费者能够在纪念日那天享受到其他时间点无法获得的尊贵权益，消费者当然乐于接受这种充满纪念意义的促销。

7.1.3　会员日：为会员消费提供一个理由

为了回馈消费者，很多主播都会为自己的会员设定一个会员日，并在会员日这一天为会员提供专享福利。在会员日这一天，主播为会员开展促销活动，也能够有效提高商品销量。会员日促销是纪念日促销的基本形式之一。

7月12日是亚马逊一年一度的会员日，在每次会员日狂欢促销活动中，亚马逊商品的销量都会有大幅度的提高，这也推动了亚马逊的进一步发展。亚马逊会员日于2015年创立，2015年亚马逊会员日促销活动的火爆程度就超过了线下的"黑色星期五"购物节。

在2016年亚马逊会员大促前一天，亚马逊股票上涨1.1%，公司总市值达到了

3 557亿美元。这一成绩使得亚马逊成功跻身美国前五名。而随后的亚马逊会员日也展现了不俗的战绩，当天全球订单量比平日可以提升约60%，单日销售额可以达到5.25亿美元。

2019年，亚马逊在会员日的销量再创新高，两天的销量超过"黑色星期五"和"网络星期一"销量的总和。同时，在亚马逊2019年的会员日促销活动中，亚马逊中国会员日的海外购销售额同比增长了3倍。

为什么亚马逊能够如此成功？重要原因之一就是其具有出色的会员制度。CIRP（美国消费者调查机构）的调查数据显示，亚马逊会员年消费额约为1 300美元，而普通消费者为1 000美元。亚马逊会员的增速也是十分迅速的，据调查显示，截至2019年年底，亚马逊在美国的会员超过了1.12亿人，而在2015年年底，这个数字只有5 000万。飞速上涨的会员及其消费为亚马逊销量增长做出了不小的贡献，而这也显示出亚马逊会员制度的优势。

很多企业或品牌商都会在自家的会员日期间做大型促销活动，这是会员式促销的重要方式，也是实现品牌与销量增长的主要途径。同时，会员日促销也是主播在进行纪念式促销时可以使用的重要手段。会员日促销是主播开展纪念式促销的重要方法，能够有效提高商品销量，提高商品在广大会员中的知名度，也可以吸引更多的潜在消费者成为会员。

7.1.4 特定周期：每周一上新，新品全部9折

除了节假日、纪念日、会员日，主播还可以根据店铺的实际情况设置特定的促销周期，例如"每周一上新，新品全部9折""月末清仓，全场7折"等。特定周期的促销活动符合消费者追求实惠的心理，能产生不错的促销效果，促进销售额的提升。

程小姐在某主播的直播间看中了一条欧根纱连衣裙，由于临时有事，程小姐没有立即下单购买，只是将这条裙子加入了购物车。到了第二天12：00，程小姐再次打开该主播的直播间，却无意间发现店铺有新款上架，样式比之前自己看中的欧根纱连衣裙更漂亮，而且新品还有9折优惠。程小姐非常心动，于是她放弃了之前的选择，购买了一件刚刚上架的背带裙。

原来，该店铺会在每周一10：00准时上新，新款服饰还会设置专属的9折优惠。"每周一上新，新品全部9折"，这是该主播在直播间张贴的促销口号，意在提醒消费者新款优惠欲购从速。这是特定周期促销的常见案例。

主播进行周期促销时也需要掌握一定的方法，并不是定期上新进行促销就一定能够吸引消费者。主播应该如何通过周期促销来提高销售额？这就需要主播推送新品，打造爆款，只有这样才能吸引更多消费者在直播间停留，从而带动销售量的提升。要想使新品成为爆款，主播就要做好如图7-2所示的几个步骤。

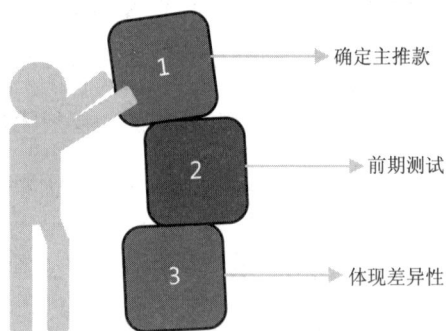

图7-2　新品打造爆款的步骤

1. 确定主推款

新品成为爆款的前提是店铺有自己的主推款，就像一支舞蹈团体中有领舞的人。主推款的存在就是告诉消费者，这是本店力推的新品，性价比高，值得购买。主播确定主推款能够使消费者的目光更加聚焦，从而提高主推款的销量。

2. 前期测试

一个新品是否有成为热销款的潜质，关键要看前期测试的效果如何，也就是让市场确定这个新品能不能成为"明日之星"。因此，主播需要对新品进行前期测试，通过市场的反馈来分析其能否成为热销款。主播可以通过如下两种方法对新品进行测试。

第一种，主播可以将新品放在店铺显著位置并为其制作宣传海报。如果该新品的转化率高于店铺平均数值，而且新品的加购量比较高，就说明该新品可以成为店铺的主推款式。

第二种，主播可以通过淘宝直通车测试新品的反馈情况。淘宝直通车可以同时测试多款新品，主播可以将几件新品同时放入淘宝直通车，查看其各自的点击率、转化率、收藏次数等。测试结束后，主播就可以从中选取点击率和转化率较高的新品作为店铺的主推款。

3. 体现差异性

当新品有太多的类似竞争者时，就需要主播扩大商品的差异性来吸引消费者的目光。例如，家庭便携式体重秤的功能和外观都没有太大区别，但是主播可以通过细分使用人群来设计促销方案，使用人群的细分就显示了商品的差异性。

除了体现商品本身的差异性，主播还可以在赠品方面体现差异性，如赠送个性化的暖宝宝、保温杯、围巾等小物品，赠品突出差异性也可以吸引消费者。

有了新品主推款，主播在打造爆款方面就有了目标方向，同时，主播还应保持如每周上新等特定周期促销手段。消费者在购物时会追求新鲜感，每周上新就向消费者传达了店铺每周都会给消费者带来惊喜、新鲜感不断的信息。而将上新时间固定则是为了将这种新鲜感锁定在特定的时间点。

7.2　借势促销

借势促销的核心就是四两拨千斤，花更少的促销成本达到更好的促销效果。对主播而言，借时事和借其他活动进行促销都是十分有效的促销手段，能够帮助主播提高商品销量。

7.2.1　借时事：受南方降雨影响，茶叶价格走高

有一年夏季，南方持续普降暴雨，水患严重，导致安徽宣城、湖南益阳、江苏苏州等茶叶主产区受到了不同程度的水灾。暴雨导致茶农采茶和制茶时间延后，往年9月底即可陆续上市的秋茶不得不推迟上市，同时茶叶上市时间的推迟也可能导致茶叶价格的走高。

受这些因素影响，茶叶经销商担心无法获得茶叶货源，纷纷选择提前交定金，以免茶叶货源受影响。这一系列的连锁反应表明商品的价格受多重因素影响，而主播在进行促销时必须要考虑影响价格的各种因素。

受南方降雨影响，茶叶价格走高的事件能够为主播的促销提供一些启示。例如，主播可以运用时事热点作为促销理由进行商品促销，这就是借势促销。

借势促销是商家对某些时事热点事件延伸及借用，将自身品牌融入事件环境中，作为商品销售的促销手段。例如，苹果iPhone 7和iPhone 7 Plus正式在中国大陆发售时，各大品牌商也都开始借势促销，国内三大运营商也借此契机

推销自家的合约机服务。

此外，互联网公司、电商平台、商业银行等也都纷纷搭上iPhone 7的顺风车开始借势促销。比如，网易CEO丁磊借"测试" iPhone 7之名，高调推出自己的直播处女秀，为自家的网易直播站台。京东商城依旧发扬快速直达的高效作风，顺势推出"移动商店一小时达"超快服务。同时，银行金融机构也没有错过iPhone 7的借势促销大战，推出预购iPhone 7、信用卡积分兑换iPhone 7、理财就送iPhone 7 Plus等业务，银行金融机构将iPhone 7和信用卡、理财商品相结合，将金融机构的借势促销玩出了新花样。

在借助时事热点进行促销时，主播要解决如何通过时事热点实现更好的促销效果这一问题。通常来说，借助人们比较容易接受的事件进行营销活动是最好的选择，主播在进行借势促销时要选择喜闻乐见的促销方式。

时事热点包括娱乐类、节日类、赛事类、行业类等几个方面，在借助不同方面的热点时，主播都有不同的注意要点，如图7-3所示。

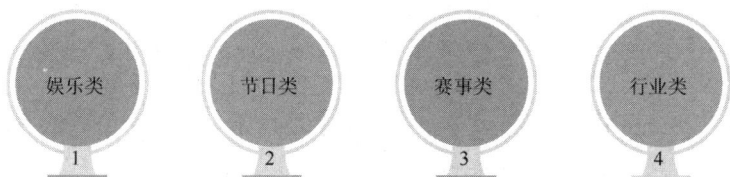

图7-3　借势促销的营销要点

1. 娱乐类

娱乐八卦、明星趣事等社会新闻是很多人关注的热点，如果将娱乐类时事与促销活动相结合，将会给主播带来更多的流量。但是，主播在利用娱乐类热点进行促销时也要分析娱乐时事与自身商品是否匹配。同时，很多娱乐热点都具有不确定性。因此，主播借娱乐热点进行促销时也要做好前期调研，对借势促销的风险性进行评估。

2. 节日类

节日类的热点促销活动是主播频繁使用的促销手段之一。节日促销的受众人群广泛，而且节日期间很多人都休假，这对主播吸引更多消费者的注意力而言是十分有利的。

3. 赛事类

赛事类的热点多为体育竞技类传递的热点信息。比如，傅园慧曾在奥运会上讲出"洪荒之力"，语出惊人，成为当年奥运会第一红人，可口可乐也借此热点顺势推出了"此刻是金"的广告语。

4. 行业类

行业类的热点也是十分常见的，苹果iPhone 7发售就属于科技行业的重点事件。此外，还有电商行业的大狂欢："双十一"购物节、京东的"618"购物节等，这些知名的电商平台会为自己宣传，主播也可以借此热点进行商品促销。

时事热点促销是一把双刃剑，运用得当可以提高商品销量和商品知名度，运用不当也会使商品的声誉受损，甚至造成不可挽回的损失。因此，主播在借时事热点进行促销时一定要做好前期准备工作，要站在消费者角度思考对其促销活动的接受和认可程度。

7.2.2 借主题："双十一"，就来淘宝狂欢节

"双十一"不仅是消费者的购物狂欢节，也是各商家的销量暴涨节。在"双十一"活动期间，众多主播也会把握机会，积极进行商品销售。

2020年国庆节前夕，距离"双十一"还有一个多月的时间，但广州的陈婷已经开

始为"双十一"做起准备活动了。她不仅要做好商品销售方面的准备工作，还要做好"双十一"期间直播销售的规划。

在商品销售方面，陈婷要做好参加"双十一"活动的准备，报名淘宝"天天特价'双十一'"招商活动。除了天天特价，陈婷还要策划10月份的在线销售方案，因为淘宝平台对活动前30天的交易量等有要求，为此，陈婷在8月份就制定了一系列的促销策略。因为8、9、10月是平台正式取值诚信综合指标的关键时期，也就是评估店铺整体运营状态的重要时间段。

在直播销售方面，陈婷也要对"双十一"期间的直播内容进行规划。比如，陈婷需要根据商品类型确定直播间的标题，根据时间段改变商品的优惠价，并对商品介绍进行规划，确定商品介绍的重点。此外，陈婷也要做好商品的知识储备，以便更好地回答消费者提出的问题。总之，在"双十一"直播期间，陈婷要准备好直播内容的规划，以实现吸引消费者、促进商品销售的目的。

主播不能在临近"双十一"时才开始做准备工作，因为电商平台会对主播的店铺进行一系列的审核，同时，主播也需要一段时间进行"双十一"的销售及直播的准备工作，主播必须要为这些准备工作预留出时间。因此，主播要未雨绸缪，提前规划，根据淘宝历年"双十一"的规则和本次活动的具体细则，合理安排库存，准确撰写标题，制定详细的直播规划。那么，主播需要在"双十一"前夕制定哪些方面的促销方案？答案如图7-4所示。

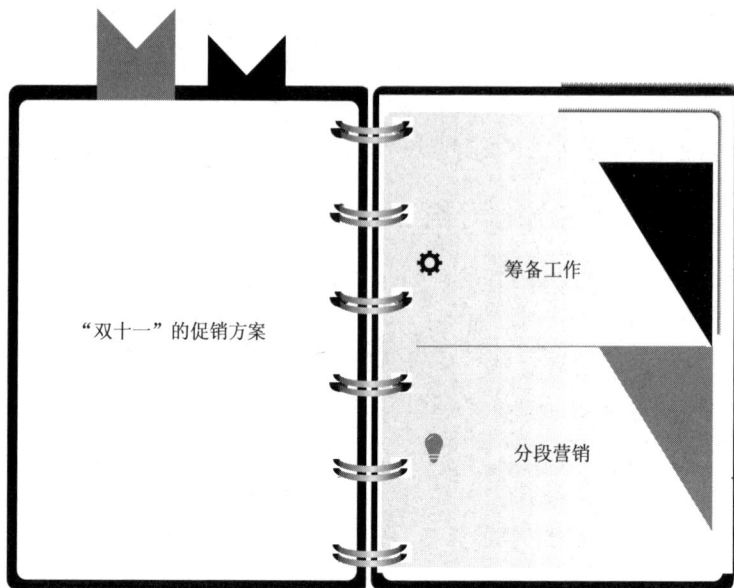

图7-4 "双十一"的促销方案

1. 筹备工作

筹备工作是整个"双十一"大战的前奏，主播需要提前做好活动预热以及库存备货等准备工作，具体而言，主播需要做好如下几个方面的准备工作。

（1）注重活动预热，利用直播炒热气氛。"双十一"看似是当天的超级热卖日，但其重点却是活动预热。预热期的活动做得好，店铺在预热期的销售量将会远超于"双十一"活动当天的销售量。在"双十一"前夕，主播可以通过直播告诉消费者店铺在"双十一"期间的优惠政策，也可以提前降价销售某些商品，从而吸引消费者的目光，获得更多的流量。

（2）店铺日销量。"双十一"是购物狂欢节，在此期间，店铺的销量将会暴涨，但是很多主播都忽视了一点，即在"双十一"以后，店铺日销量翻倍增长也是有可能实现的。主播提前做好营销工作，用"双十一"引流，在"双十一"之后依旧可以继续提高销量。主播可以利用直播销售在"双十一"前后对店铺进行持续宣传，同时利用规划好的优惠计划吸引消费者。如果主播的宣传和促销工作做得好，就可以将"双十一"期间观看直播的消费者变成主播的忠实粉丝，实现商品销量的稳步增长。

（3）合理备货。在"双十一"期间，主播一定要合理备货，故意积压大量库存并非明智之举，"双十一"当天即能全部消化库存的想法也并不现实，因此主播应合理备货。如果主播在"双十一"期间积压了大量库存，那么接下来的11月到12月店铺的主要工作都是清库存，这会直接影响店铺来年的营销计划。

2. 分段营销

在"双十一"全天24小时的大促期间，主播需要有针对性地划分时间段，明确什么时候销售什么商品最合适。

（1）0：00~5：00

"双十一"当天0：00~5：00是非常重要的促销时间段。在这个时间段里，主播要注意直播间的标题是否与内容相对应，以方便消费者寻找自己想购买的商品。

消费者熬夜等着零点下单，多数是看中了店铺的大力度优惠措施，想以最优惠的价格抢下自己心仪的商品。如果主播在直播时对商品优惠措施介绍得不够清楚，那么自然难以吸引消费者的眼光。

主播还可以提前几天在直播中发放优惠券，提醒消费者在"双十一"当天购买商品。此外，主播也可以提前给粉丝发送系统邮件，告知其在0：00~5：00下单可享特殊折扣。

（2）5：00~18：00

消费者没有急于在凌晨下单，很可能是想通过搜索对比来找到自己最心仪的商品。因此，在5：00~18：00这个时间段主播就要有重点地介绍自己商品的特色，便于消费者了解商品。

（3）18：00~21：00

在18：00~21：00这个时间段，主播要尽量将消费者拉入购物场景中来。这时消费者可能正在下班路上，或者在家吃晚餐等，主播可以在这段消费者的"闲暇"时光中加大直播销售的优惠力度，吸引消费者快速购买商品。比如，主播可以在直播中打出买精品钻戒送手机、买手机送耳机等标语。

（4）21：00~24：00

21：00~24：00是"双十一"促销的最后阶段，主播要在这段时间内制造紧张气氛来刺激消费者进行消费。例如，主播可以在直播间和店铺标明"双十一"倒计时、抽奖活动即将结束、热卖商品优惠截止倒计时等。对消费者来说，失去享受优惠的机会无疑是一种损失，因此，主播可以通过制造紧张气氛让消费者感到自己即将错失最佳优惠期，进而刺激消费者购买商品。

"双十一"是全民购物狂欢的节日，但主播不应只关注店铺在"双十一"期间的销售，还需要通过"双十一"为店铺的促销计划做指导。同时在做直播销售时，主播要注意把握这次机会，通过"双十一"促销来吸引消费者，提高商品销量和知名度。

7.2.3 "双十一"已过，优惠依然给力

2019年"双十一"期间，天猫"双十一"全球狂欢节交易额超2 684亿元，即便如此，很多消费者还是直呼不过瘾。有的消费者可能因工作忙或网络状况欠佳而错过"双十一"，没能买到心仪已久的商品。

上海的陈小姐说："'双十一'那天我正好要加班，等晚上忙完了工作，原本计划购买自己心仪的一些衣服，结果因临时有事无法脱身，等想起来时已经是

第二天凌晨5点了，就这样和'双十一'擦肩而过，太可惜了！"陈小姐对自己错过"双十一"活动十分惋惜，表示如果现在还有"双十一"那样的折扣活动，自己一定会参加。

很多消费者也会像陈小姐那样，由于各种原因错过了"双十一"。消费者的这种遗憾也是主播进行促销的切入点，比如，"双十一"过后，很多主播又推出了返场狂欢购活动。

梁超在天猫开了一家音乐设备的专营店，"双十一"过后，一些消费者在他的直播间向他反映，由于自己错过了"双十一"而错过了店铺的优惠活动。在了解了这一情况后，梁超在之后的一次直播中预告了主题为"'双十一'已过，优惠依然给力"的店铺返场活动。

从11月15日到11月30日，凡是在店铺购买商品的消费者都可参加店铺满减、满赠、换购有礼等活动。梁超讲到，鉴于"双十一"过后仍有消费者没有买到心仪的商品，所以店铺特推出此次返场购优惠活动。虽然优惠力度不及"双十一"，但仍然会最大限度地照顾到每一位消费者。

这一返场活动满足了消费者的购物需求，也极大地激发了消费者的购物热情。返场活动结束后，梁超店铺中音乐设备的销量远超平日水平，这也超出了梁超的预期。

对主播而言，除了紧跟各大购物节的脚步，做好购物节期间的促销，还需要了解消费者的购物需求。在购物节的热度未消散时，借势推出各种返场活动。把握好购物节过后的时机，返场活动依然能够有效拉动店铺销售量的提升。

7.3 时令促销

促销是主播常用的促销方式之一，主播可以根据时令变化制定不同的促销计划。不论是当季清仓还是反季清仓，都是以清仓作为促销活动的由头甩卖商品，这种促销活动让追求实惠型的消费者比较受用。在进行当季清仓、反季清仓等时令促销时，主播要使用合适的促销方法，只有这样，才能有效提升商品的销售量。

7.3.1 当季清仓：特卖当季必需品

相比反季清仓促销，当季清仓促销在商品款式、价格以及流通渠道方面都有明显优势。夏末秋初，秋季新款已经上市，而对夏季还没有卖出的服装，很多主播都会采取季末清仓的促销手段消化库存。对主播来说，夏季清仓有两个主要好处，一个是可以清仓，为秋季新品腾挪仓储空间，另一个是可以回笼部分资金。

一般来说，商品销售的旺淡季转换期是清仓的绝佳机会，而商品是否适合进行清仓促销，主要是由商品本身的属性决定的。比如，冷饮、空调、冰箱等商品在夏季的需求量远高于冬季，而羽绒服、毛衣、热饮商品等则会在冬季销量猛增。

此外，不同地域的消费者也会受到季节性影响，而有不同的消费需求。例如，在冬季，我国东北地区异常寒冷，羽绒服销售火爆，而在海南地区羽绒服就不会如此受欢迎。

因此，主播要根据商品属性、地区等制定差异化的促销方案，针对商品淡旺季的销售情况开展相应的促销活动。同时，主播在进行商品的当季清仓促销时，也要考虑如下两个方面。

1. 消费者诉求

当季清仓会对商品在消费者心中的地位造成影响，这种影响具有两面性，主播必须分析消费者对商品的诉求。如果主播推销的商品以大牌高端商品为主，消费者购买商品是为了彰显其身份、塑造其形象，这样的商品就不适合进行当季清仓促销。如果主播推销的是日常平价商品，就可以以当季清仓的促销方式、以更优惠的价格吸引消费者。

对于一些大牌高端商品，消费者追求的是时尚、个性和商品的价值，其追求的并不是价格的实惠，如果主播对这些商品进行清仓促销，那么不仅难以刺激消费者购买，反而会降低消费者对于商品价值的认知。而对于一些日常平价商品来说，消费者追求的是其性价比，因此主播对这些商品进行清仓促销能够激发消费者的购物热情。

主播在进行当季清仓促销之前，一定要分析消费者购买商品的目的和消费者诉求。只有这样，主播才能判断出自己所推销的商品是否适合进行当季清仓促销。

2. 投入与收入

在进行商品当季清仓促销时，主播肯定会在一个周期内对当季商品投入大力度的营销推广。营销推广力度的加大会导致销售成本增加，给主播带来压力，如何平衡当季清仓促销中的投入与收入是主播需要考虑的问题。

一方面，主播要综合考虑市场和自身情况、制定系统性的周期促销计划，来确定资金和人力方面的投入比例。另一方面，在进行当季清仓促销的过程中，是否能够开展更具创意、与众不同的促销活动，在合理投入的范围内获得最好的促销效果，这也是主播要考虑的问题。

7.3.2 反季清仓：冬衣夏卖

反季清仓也是提高商品销售量的一种有效的促销方式。主播通过低价销售反季商品，如夏天销售冬季服装、冬天销售夏季服装等来吸引消费者的关注，刺激消费者对商品的购买欲望，从而实现商品的销售。

并不是所有的商品都适合进行反季清仓促销，一般服装类的商品进行反季清仓促销的比较多。例如，在夏季，主播一般会采用反季清仓的促销方式来销售冬季的羽绒服、毛衣等服饰，借促销消化库存。

在某直播间内，主播打出"反季清仓，冬衣五折销售"的优惠口号，为直播间内的消费者一一展示了许多羽绒服、厚毛衣等冬季服饰。直播间的翁女士表示，自己在冬天时看中这家店铺的一件大红色羽绒服，当时价格为700元，因为觉得稍贵所以当时翁女士并没有购买。后来，在观看主播直播时，翁女士发现那件自己中意的羽绒服正在进行反季清仓的5折促销，而且这件羽绒服正好有自己需要的尺码，所以这次她果断入手了。

对于购买这件羽绒服的原因，翁女士说："除了低价诱惑，我对羽绒服的款式没有太大要求，羽绒服也并不像夏天的衣服那样款式多样。所以，去年的羽绒服今年冬天再穿也不会过时。"

从上述案例中可以看出，消费者对于反季商品有一定的需求，主播通过反季清仓促销的方式能够有效地提高商品的销售，实现商品的转化。其中，反季清仓促销最吸引消费者的地方就是商品的价格十分实惠，对消费者有很大的吸引力。

价格实惠是反季清仓促销的核心竞争力。同时，主播在进行反季清仓促销时需要注意4个问题，如图7-5所示。

1. 合理降价

反季清仓促销活动的核心竞争力是低价，但是主播在给商品定价时也要注意商品的合理降价，想要把握好促销商品的比例和优惠力度，相比于全场一律3折这样简单的促销方案，主播为商品设置合理的打折梯度能够在保证销售成本的基础上更好地激发消费者的购买热情。

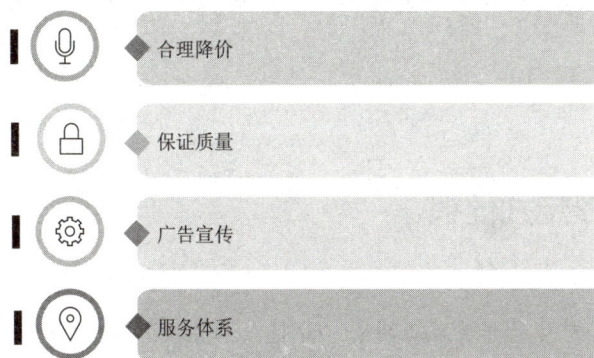

图7-5 反季清仓促销的注意事项

2. 保证质量

主播在进行反季清仓促销时也要保证商品的质量，质量好的商品才是主播销售的王牌。如果主播不能保证商品质量，只是低价销售商品，那么即使将商品销售出去了也难以留存消费者，同时销售质量不好的商品也会影响主播的口碑。

3. 广告宣传

主播在进行商品的反季清仓促销时，需要在直播间标出促销活动的广告宣传口号、优惠力度以及活动形式，让消费者一目了然。同时，在进行活动宣传时，主播也可以隐藏部分活动惊喜，以便吸引消费者进一步关注促销活动。

4. 服务体系

服务体系具体包括主播在直播销售中的表现和商品的售后服务两大部分，主播要在商品销售和售后服务两个方面让消费者感受到自己的用心和热情。

通过上述4个方面的布置和维护，主播就可以做好商品反季清仓的促销工作了。总之，主播在使用反季清仓这一促销方式时，需要综合考虑，多方面准备，这样主播才能通过反季清仓的促销方式激发消费者的购物热情，实现商品的销售。

7.4　限定式促销

限定式促销就是限制某些要素，如时间、数量、商品或者折扣等，促使消费者尽快做出消费决策。"1小时内下单，立减100元"和"最后100件，欲购从速"都是典型的限时性促销手段，即限定商品促销的时间段或限定促销商品的数量。"第一天打5折，第二天打8折"的阶梯式促销则更加直接地促使消费者做出购买决定，引导消费者尽快下单。

7.4.1　限时：1小时内下单，立减100元

限时促销是指在特定的时间内降低商品的价格，以特定时间段内超低价位的商品来吸引消费者的关注，并促使消费者对商品进行购买的促销方式。在限时促销中，"1小时内下单，立减100元""一元秒杀"等都是典型的促销形式，这些方式都强调了在限定时间内的商品降价优惠。

另外，为了激发消费者的购物热情，主播在使用这一方式时要适当加大商品的优惠力度，如店铺原来原价或9折的商品，在限时促销中可以将其价格降到5折。同时，在进行限时促销时，主播一定要设定好促销活动的时间，这样才能制造出紧迫感，促使消费者下单。

当然，开展限时促销活动也是需要一定技巧的。主播需要安排好限时促销活动的各个环节。那么，主播在进行限时促销活动时，要从哪几个环节入手？

1. 活动准备

主播在进行限时促销活动前，需要做好活动准备工作，包括设定活动时间和具体的促销方式，以及制定应急预警机制。当然，电商平台对限时打折促销也有一定要求，主播必须了解和熟知相关的规则，才能保证活动的顺利设置和开展。

2. 活动造势

主播要想取得理想的用户转化率以及满意的促销效果，就需要为限时降价活动营造声势。主播需要充分利用微博、微信公众号、QQ群来宣传限时促销活动，扩大活动的知名度，让更多的消费者看到活动并参与活动。

流量有了之后，主播就应该考虑如何提升商品的成交额。比如，如果主播的店铺在晚上9点至10点的成交额明显高于其他时段，那么主播可以将限时促销活动设置在这个时间段内，如"1小时内下单，立减100元"等，这样的安排能够有效提高商品的成交额。

3. 客服应对

主播在进行限时促销活动期间，其店铺的询单量会大幅度增加，这时，客服方面也会承受较大的压力。所以，主播在开展活动前要提前安排好客服人员，以确保消费者能在第一时间得到回复，提高消费者购买商品的效率。

4. 细节把握

主播在进行限时促销活动时最好将时间限定为1~2小时，这样，消费者才会有一种紧迫的心态，从而促进其快速做出商品购买的决策。另外，主播在开展完限时促销活动后，还需要做好商品的售后工作，增强消费者的黏性。

7.4.2　限量：最后100件，欲购从速

限量促销也是常见的限定式促销方法之一。主播告知消费者"商品只剩最后100件，欲购从速"类似的消息，让消费者打消犹豫，从而实现商品的销售。

这种方法是有一定的科学道理的。如果人们所做的事情被规定了最后期限，那么人们会有一种压力，促使其迅速采取行动来将它完成；如果所做的事情没有最后期限的要求，那么人们很可能会一再拖延。

消费者在购买商品时也是一样的心理，如果主播能告知消费者商品的销售已经到了最后的期限，那么消费者会很快从犹豫转向购买商品。这样一来，主播与消费者的交易就能够更快达成。

很多主播都会使用这一方法来促使消费者消除犹豫，催促下单。在开展限量促销活动时，主播应着重讲出商品的稀缺性和商品的价值，激发消费者的购买热情。

在实际的销售过程中，当消费者产生"买还是不买"的想法时，主播就要抓住机会，使用一定的沟通技巧来实现订单的转化，例如，主播可以对消费者说："我觉得您现在买是最划算的，我们店里的促销活动明天就要结束了，而且现货只有最后100件了，再不下单就没货了。如果您错过了这次机会，就可能需要再等上1个月才能来货，所以建议您最好现在就下单。"大部分消费者在听到主播这样说时，会立即采取行动购买商品。

限量促销体现了心理学中的稀缺效应，这一效应是指人们对世界上稀少的事物普遍怀有强烈的拥有欲望，东西越稀少，自己想要获得的欲望就越强烈。所以，当消费者在购买商品时，他们就会被稀少的商品或服务激起强烈的购买

欲。因此，在进行商品促销时，主播可以打出"限量特价"的口号来吸引消费者，营造一种"商品稀缺"的现象，刺激消费者购买商品。

7.4.3　阶梯式：第一天打5折，第二天打8折

阶梯式促销是指在商品的销售过程中，商品的价格随着时间的推移按照一定的梯度不断变化打折力度的促销方法。例如，"新品上架销售，第一天5折销售、第二天8折销售"就是典型的阶梯式促销方案。

根据这一促销方式，当主播告诉消费者这一活动规则时，消费者可能在第一天选择观望，但是当第二天商品真的涨价时，消费者就会知道，商品折扣真的越来越高。所以，消费者就会产生紧迫感，愿意提前购买商品。

主播使用阶梯式促销方法的优势有3个。第一，主播使用阶梯式促销方法能够减少消费者购买商品的犹豫时间，激发他们的购买行为；第二，主播使用阶梯式促销方法能够保存商品的价值，不会使商品滞销；第三，主播使用阶梯式促销方法还能够吸引和刺激消费者消费，增加销售额。

一位消费者在直播间求助某主播："下周是我老公的生日，我想给他买一件男式休闲大衣，能推荐几款吗？"

主播在看到消费者的求助后，随即拿出3款男式大衣进行详细的介绍，并在介绍后询问该消费者是否有比较满意的款式。此时，这名消费者虽然有比较满意的款式，但是还在犹豫，表示打算明天再考虑。

这时主播说："您看中的这款大衣现在正在做优惠活动，原价是998元，现在拍下可以享受5折优惠，明天这款大衣就会提价，6折销售，后天则是7折销售，以此类推。几天之后，这款大衣就会恢复原价了。所以，我建议您今天下单购买，趁着优惠力度最大。"

消费者回复道："原来是这样，今天是最优惠的时间吗？"

主播回答："是啊，这款大衣销量很不错，您可以看买家评论，而且现在正好有活动。何不趁此机会给老公一个惊喜呢？只要今天下单就可以享受最低价，不满意还可以享受无理由退货。没什么好犹豫的。"

听完主播的这一番话，消费者终于下定了决心。两分钟后，消费者拍下了商品。

从上述案例中可以看出，主播使用阶梯式促销方法做商品的促销活动可以起到比较显著的促销效果。同时，主播在使用阶梯式促销方法时，想要发挥其最大效用，还需要注意一些实施的方法。

1. 给消费者适当的心理压力

主播在使用阶梯式促销方法时，有时需要给消费者一定的心理压力，以此来应对消费者的犹豫。例如，主播可以在直播间打出"今天是最低价，明天的优惠力度就没有这样大了""现在不买以后就没有这么好的优惠啦"等标语，以此来暗示消费者早买早优惠，让消费者尽早下决心购买商品。

2. 适时消除消费者顾虑

在商品销售过程中，如果消费者对商品迟迟没有做决定，那么可能是有这样或那样的顾虑，当主播发现消费者购物存在的顾虑时，就要立即给出解决措施。比如，主播可以告知消费者如果买贵了可以无条件退货，以此来消除消费者的顾虑，推进商品的销售。

3. 不强行挽留

当消费者实在无法下定决心时，主播不要强行挽留，或一味地介绍商品多么好，否则很容易引发消费者反感。当消费者表示要考虑考虑再做决定时，主播也要表示理解，同时主播可以说："如果您觉得确实不合适，可以去其他店铺对比看看，如果您觉得我们店铺的商品更划算，我们随时欢迎您回来！"这样能够给消费者留下更好的印象。

　　在使用阶梯式促销方法时，主播要给消费者适当的心理压力，同时主播要及时消除消费者顾虑，不必强行挽留消费者，要尊重消费者的意愿，这样才能够更好地实现商品的销售。

第 8 章

福利营销：外部刺激加快下单速度

　　主播在进行直播销售的过程中进行福利营销能够吸引更多消费者的目光，同时能够刺激消费者尽快下单，提高商品销量。在进行福利营销时，主播可以以商品为核心派送福利，如发放商品优惠券、商品买一送一等。主播也可以通过抽奖的方式让利消费者，既可以吸引更多的消费者购买商品，也可以增加消费者的黏性。

8.1 以商品为核心派送福利

以商品为核心派送福利是一种常见的福利营销的方式，既可以让消费者享受到福利，刺激其购买商品，也可以有效地宣传、推广店铺商品。在具体操作上，主播可以在直播中发放商品优惠券，也可以直接以赠送商品的方式为消费者派送福利。

8.1.1 在直播过程中发放商品优惠券

通过直播发放商品优惠券活动使小雅的淘宝店销量比平时上涨了50%，这让小雅十分高兴。问起小雅这么做的原因，小雅说道："本来我的淘宝店做的就是化妆品一类的商品，商品的金额比较大，消费者看了我的直播也很难会第一时间下单，而商品优惠券能够刺激消费者来购物。"

原本小雅的淘宝店商品品类单一，也没有余钱进行推广和引流，因此店铺销量平平，而商品优惠券正好解决了她的难题。商品优惠券这种福利营销方式实行起来几乎没有成本，发放的对象也是直播间里的消费者，可以说是精准投放，而且消费者在直播介绍和优惠券的双重吸引下更容易购买商品。

商品优惠券能够刺激消费者产生消费的欲望，如果消费者对主播的商品较为满意，而主播又向其发放了商品优惠券，那么能够有效刺激消费者将消费意愿转化为购买行为。商品优惠券是一种对商品的宣传推广，因为优惠券本身除了币值信息，还拥有商家及商品信息。因此，主播发放商品优惠券还能够提高店铺及商品的知名度。

比如，"持此优惠券，购买本淘宝店的商品可以优惠10元"，这是以本次消费为前提，在商品优惠券的媒介作用下，吸引消费者进行二次消费。同时，主播在设计商品优惠券时也要设置一定的规则，如商品优惠券不兑现、不找零、有明确的使用期限、过期不补等。

从福利营销的角度来看，主播发放商品优惠券是想吸引更多的消费者，提高销售业绩，但不是所有的消费者都愿意为商品优惠券买单，因此主播要确保商品优惠券发放的精准性。如何保证商品优惠券发放的精准性？主播需要做到如下两个方面。

首先，商品优惠券投放的精准性取决于消费者对商品是否有购买需求。因此，主播在进行销售直播时要明确每场销售直播的主要商品品类，以便更精准地吸引目标消费者。

例如，主播直播销售的品类可以为"春季限定服装""夏日防护化妆品"等，同时主播还可以为直播加上"大码女装""矮个子专属"等标签，这些都能够帮助主播定位直播销售内容，也能够吸引到对此类商品有需求的消费者。在直播内容定位较为细分的情况下，吸引到的消费者也多为直播销售的目标消费者，这时主播向这些消费者发放商品优惠券就能够更有效地刺激消费者消费。

其次，在主播店铺经营的过程中，一般会吸引一些忠实的粉丝，这些粉丝偏爱主播店铺商品的风格、认可主播店铺商品的质量，在购买同类商品时会优先选择主播店铺的商品。主播为这些忠实粉丝发放商品优惠券，能够进一步增加粉丝黏性，也能够刺激粉丝消费。

因此，主播在进行直播销售的时候可以开设粉丝专场。这时直播的商品品类就不需要单一了，主播可以分类为粉丝介绍店铺的上新款、经典款商品等。在粉丝专场的直播销售中发放商品优惠券能够激发粉丝的购物热情，同时这些商品优惠券的发放也十分精准，能够充分发挥商品优惠券的促销作用。

总之，在发放商品优惠券进行福利营销时，主播不仅要了解如何设置商品优惠券，更要注意商品优惠券的精准发放。只有这样，商品优惠券才能够充分发挥其提升商品销售量的作用。

8.1.2　今日商品买一送一

余静是一名主播，在某次直播的时候，余静如往常一样介绍着自己店里的商品。这次她介绍的商品是店铺的新上商品——百搭针织围巾。在介绍完围巾后，余静在直播间打出了巨大的标语："今天下单购买围巾买一送一！过期不候！过期不候！"消息一出，整个直播间瞬间就炸开了锅，消费者纷纷下单，围巾立刻被抢购一空。

"商品买一送一"是一种典型的以商品为核心的福利营销方式。买一送一和直接打5折是有区别的。比如，一件100元的服装，现在买一赠一，即100元两件，而商品打5折时，消费者只需50元即可购买一件服装。对主播来说，前者一次性销售出两件商品，而后者只销售出一件商品。所以，买一送一的营销方式更能提高商品的销量。

同时，"买一送一"不一定是指买商品赠原样商品，也可以是买一件衣服送一条围巾，这种营销方式也是以"赠送商品"来吸引消费者的注意力。买一送一的福利营销方式能够有效刺激消费者重复购买，提高客单价。总体来说，这种营销方式有3方面的好处，如图8-1所示。

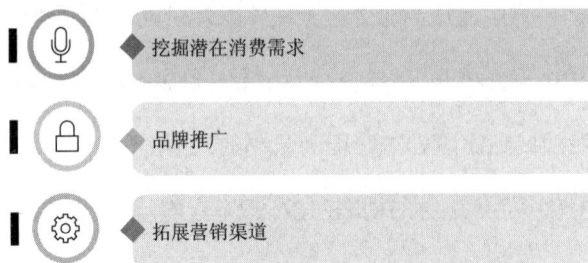

图8-1　买一送一营销方式的好处

1. 挖掘潜在消费需求

在没有进行买一送一的福利营销前，消费者可能不知道该品牌还有其他商品，而通过开展买一送一的福利营销活动，能够让消费者了解店铺更多的商品，主播可以借此挖掘消费者的潜在消费需求。例如，有的消费者可能只知道某品牌的洗发露，但通过主播开展的买一送一的福利营销活动，消费者知道了该品牌还有护发素、发膜等其他商品，自然也会对这些商品产生需求。

2. 品牌推广

即使主播销售的某个品牌的商品已经成为行业内的引领者，也需要开展各种各样的营销活动，以持续推广品牌。开展买一送一福利营销活动的第二个好处就是能够实现品牌推广，能够持续提升品牌效应，拉近品牌与消费者的距离。

3. 拓展营销渠道

买一送一的福利营销活动的第三个好处就是可以拓展营销渠道。将主题商品与赠送商品联系起来，不仅能够提高主题商品的销量，还能够有效地推广、曝光新商品。

同时，在开展买一送一的营销活动时，主播需要设置好活动形式、保证执行力度，同时，主播需要注意消费者的反应。购物所赠送的商品如果不能真正让消费者获得实惠，就达不到很好的营销效果。比如，赠送的商品过于廉价、赠送商品与主题商品无关联等都会影响整体的营销效果。

8.1.3 加大赠品力度：多买多送

2019年国庆节期间，某化妆品直播间开展了"多买多送，节日购不停"的福利营销活动。活动规定，消费者一次性购物满99元即可成为店铺会员，全场享8.8折优惠。

为增加梯次，消费者一次性购物满199元店铺即赠送价值99元的化妆刷套装一套；满299元赠送价值158元的面膜套装一套；满399元赠送价值299元的美白套装一套；满499元赠送价值399元的品牌美容金卡一张，多买多送。由于该店铺的客单价普遍在200~300元之间，所以，此次满赠活动最高设置在499元档次。如果一次性购物额超过此梯度，那么消费者可以主动联系客服人员，协商满赠优惠事宜，将有神秘大礼送出。

满赠活动是以商品为核心进行福利派送的主要形式，即购物满一定额度以后消费者可以获得某些赠品。主播可以标明赠品的价值，也可以不标明赠品的价值。例如，主播可以规定"满599元赠精美饰品一件"。这件"饰品"只用"精美"加以描述，不涉及其真实价格。消费者很难用599元来衡量饰品的现金价值，从而忽略自己实际付出价值与"饰品"的价值的对比，避免产生"赠品都是次等品"的想法。

对主播来说，合理开展满赠活动可以有效提高商品销售量，同时，在挑选赠品时，随意选择赠品会让消费者觉得主播是在处理积压的商品，感受不到主播的真诚。因此，在挑选赠品时，主播要选择实用性、耐用性强、质量过关、外观精美的商品。同时，主播在开展满赠活动时，要注意3个方面，如图8-2所示。

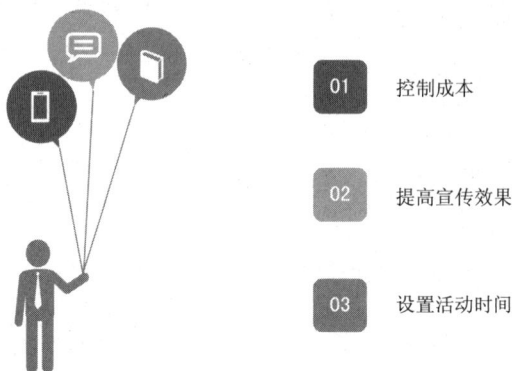

图8-2　开展满赠活动的注意事项

1. 控制成本

在成本方面，主播要考虑的因素有3点：一是赠品的成本；二是赠品包装；三是销售渠道。如果主播对这些问题计划不得当，就会很容易造成浪费，超出经费、预算。

2. 强化宣传效果

开展满赠活动的最终目的是宣传商品，提高商品销量。主播可以充分利用直播间、微信公众号、微博等进行多渠道宣传。如果经费有限，那么可以在赠品和商品包装方面下功夫。总之，主播要最大限度地提升满赠活动的宣传效果。

3. 设置活动时间

满赠活动要有时间限制，不宜过长。因为随着时间的推移，已经得到赠品的消费者很难再次购买商品。所以，主播要合理规划满赠活动的实施过程，包括赠品选择、调整生产、投放市场等。

总之，在开展满赠活动时，针对赠品的价值是否标明，活动的宣传渠道、管理工作以及赠送的梯度和范围等问题，主播要提前制定详细的营销方案。只有保证好满赠活动的各环节的工作，满赠活动才会达到更好的营销效果。

8.2 抽奖：福利营销的重要手段

抽奖是主播进行福利营销的重要手段，消费者都有追求实惠的心理，而主播在直播销售中开展抽奖活动无疑会吸引更多消费者的关注。开展抽奖活动的方式多种多样，不同的抽奖方式对消费者的吸引力也不尽相同，主播需要对此进行深入了解，抓住消费者的心理，通过抽奖活动来吸引消费者关注，从而提升商品销量。

8.2.1 定期抽奖让利消费者

对主播来说，消费者在直播间的停留时长是非常重要的。主播在直播时首先要关注的就是消费者的停留时长，这一点对刚刚起步的新手主播尤其重要。消费者在直播间停留的时间越长，越能够提高商品的点击率和销售量。对一位优秀的主播来说，在一场直播中的消费者平均停留时长可以达到五六分钟，而其产生的经济效益也更高，消费者停留时长与商品销售额的提升密切相关。

主播在初期直播时并不会吸引太多消费者的关注，在此情况下，最快的吸引消费者关注的方式就是通过抽奖活动来吸引消费者的目光。消费者在观看直播的过程中产生期待，其停留在直播间的时间就会增长，其在直播中停留的时间越长，越能增加消费的可能性。

主播通过定期抽奖来吸引消费者观看直播也可以大幅度提高消费者黏性。

消费者有追求实惠的心理，抽奖则能够带给消费者直接的实惠，消费者在观看直播的过程中追求实惠的心理得到了满足，自然会更加关注主播的直播间，从普通消费者逐渐转变为主播的粉丝。

抽奖活动并不只是单纯地将奖品送出去，开展抽奖活动也有其规则。

首先，主播要让更多的消费者知道主播在举行抽奖活动，同时让其了解抽奖的形式和内容。主播可以提前发布抽奖活动的预告，吸引更多消费者的关注。定期开展抽奖活动能够持续刺激消费者的购物行为。

其次，定期抽奖并不意味着主播开展每次抽奖活动时都要在公告中写明抽奖的所有具体时间，那样部分消费者只会在那个时间点进入直播间，参加完抽奖活动之后就离开。主播可以在公告中表明本次直播有抽奖活动，同时在直播的过程中确定抽奖的具体时间。主播可以根据商品的销量、点赞量等设置抽奖活动。例如，主播可以设置点赞达到5万次即抽取一名消费者送出价值599元的蓝牙耳机等，以一个不确定因素作为条件，增加消费者的期待感。

再次，主播要注意直播的节奏以及与消费者的互动，每到抽奖时间，主播应提醒消费者点赞、评论、发弹幕等，使直播间的气氛活跃起来再抽奖。抽奖的整个过程应公开、公平、公正，不要让消费者质疑抽奖的公平性。

在抽奖活动结束后，主播在公布中奖名单时需要对中奖的幸运消费者表示祝贺，同时告诉没有中奖的消费者不要灰心，告知其下一波抽奖会安排在什么时候，抽奖的内容有哪些，等等，增加消费者的期待感。

主播在开展抽奖活动时，并不一定每一次抽奖都要赠送价值非常高的奖品，主播也可以通过多设置抽奖次数，降低奖品价值来吸引消费者关注直播间。这种方法同样也能够起到留存消费者、刺激消费者下单的作用。

8.2.2　礼品互动：送自用商品给消费者

送自用商品给消费者是主播与消费者进行互动的一种形式，同时，主播的自用商品也可以作为主播开展抽奖活动的奖品。主播自用商品有了"自用"这一标签，能够使主播拉近与消费者的距离，而主播自用也反映了商品的品质，使消费者更愿意为商品买单。

主播在推荐一件商品时并不能只凭主观推断，如果没有试用过商品，主播就无法得知商品的可推荐性并提取出商品的主要卖点。在主播向消费者推销商品时，主播自用的商品更能赢得消费者的信任，而以自用商品作为抽奖互动的礼品更能体现主播的心意。主播可以以自用商品为卖点来号召消费者下单。比如，主播可以说："这款口红我自己也在用，颜色饱和度高并且持久滋润，性价比很高。"

在介绍完商品后，为了验证自己推荐的正确性并吸引人气，主播可以顺势将该口红作为奖品进行抽奖，将口红通过抽奖的方式赠送给消费者。对主播来说，通过抽奖赠送自用商品在提高消费者的好感度的同时也增加了直播间人气，能够吸引更多的消费者参与直播抽奖的活动。

将自用商品赠送给消费者后，部分中奖消费者的反馈能够验证主播所说的内容是否属实，有无夸大成分。如果消费者的反馈良好，印证了主播对于商品的介绍是真实的，就会增加主播的可信度。没有抽中奖品的消费者也会因此相信主播的推销并购买商品，这将有效提高商品的销量。

将自用商品赠送给消费者也提高了主播直播间的趣味性，增加了主播与消费者的互动交流，拉近了主播与消费者的距离，使直播间更加热闹。消费者的参与度与兴奋值也随之提高，主播推荐商品的点击率与购买量也会因此提升。

自用商品的良好反馈则不仅可以提升主播的号召力、商品购买率，还能够增加消费者对主播的好感及信任度，这对刺激消费者下单、提升商品销量有极其重要的作用。一个主播口碑好，消费者自然也会信任其推销的商品，愿意购买其推销的商品。

8.2.3　薇娅：直播时抽奖先行

被称为"淘宝直播一姐"的薇娅拥有超强的带货能力，曾在单场2小时内实现了2.67亿元的销售额。薇娅的直播几乎每天都有，而直播的时长一般为4~8小时，直播间的商品品类众多，涵盖了居家、零食、护肤、彩妆等各个方面，同时，薇娅在福利营销方面也下足了功夫。

薇娅的每场直播开始都是一句"话不多说，我们先来抽一波奖"，而抽奖的奖品价格往往不会太低，并且都是一些非常热门的商品，比如华为手机、苹果的平板电脑等。这样直接简单的开场白加上价格不菲的奖品很容易吸引消费者，在直播一开始就在直播间内营造出一波小高潮，长此以往就会有更多的消费者期待薇娅的开播。这一活动有效提高了消费者对薇娅直播的期待值与忠诚度。

淘宝直播讲究的是粉丝经济，粉丝的购买力强，商品的销售量越高，主播获益也就越多，所以对主播而言，维护其与粉丝之间的关系就显得尤其重要。薇娅在直播一开始便进行抽奖是维护粉丝的一个重要手段。对粉丝来说，即使今天没有抽到奖品也还有明天、后天的抽奖活动可以期待。先行抽奖是对粉丝的一个暗示，同时也成为薇娅直播开始的标志。

除了在直播一开始就会进行抽奖，薇娅在直播的过程中每隔一段时间也会随机进行一次抽奖，随机抽奖给了一直在观看薇娅直播的粉丝更多的参与感与满足感，也吸引更多粉丝持续观看薇娅的直播，期待着下一次抽奖的到来。

薇娅的直播间的标题往往很直白,"送现金! 送手机""抽奖抽到手抽筋"等,这样的标题也能够吸引更多的粉丝参与薇娅直播间的抽奖活动。而在庞大的粉丝基数、抽奖带动粉丝购物热情的前提下,薇娅的直播销售很容易获得惊人的销售额。

第 9 章 ————————————————————————

挖掘需求：瞄准粉丝痛点

　　主播在开展直播销售一段时间之后，会获得一些粉丝的关注，这些粉丝对主播推销的商品有较高的需求，也是主播需要重点关注的目标消费者。在主播进行直播销售的过程中，对这些粉丝进行分析，了解其痛点，挖掘其需求是十分重要的。满足粉丝的需求对提高直播间的销售额具有重要作用。

　　在挖掘粉丝需求方面，主播首先要对粉丝进行画像，针对不同类型的粉丝使用不同的推销方式。同时，主播要把握粉丝的核心需求，通过分析粉丝的核心需求来不断优化直播销售的内容。

9.1　三种粉丝画像

主播在推荐商品时往往会面对3种类型的粉丝：第一类粉丝很明确自己的需求，他们知道自己想要买什么；第二类粉丝有大概的需求，但不明确自己具体应该买什么；第三类粉丝没有具体的需求，需要主播加以引导，帮助其明确需求来促成交易。对这3种不同类型的粉丝，主播在推销商品时所使用的推销方法也不同。

9.1.1　明确知道自己的需求

有一部分粉丝很明确自己需求的是什么，他们会关注自己所需求的商品，同时下单也很干脆。对于这类粉丝，主播应该考虑通过什么样的方法来留存粉丝，在这方面，主播需要做好3个方面，如图9-1所示。

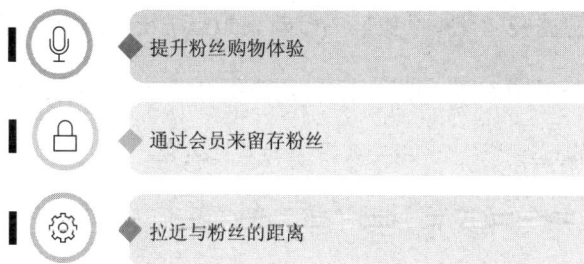

◆ 提升粉丝购物体验

◆ 通过会员来留存粉丝

◆ 拉近与粉丝的距离

图9-1　留存粉丝的要点

1. 提升粉丝购物体验

在留存粉丝方面，主播首先要提升粉丝的购物体验。除了在粉丝购物时为其提供周到的服务，主播更要保证商品的质量，并让粉丝了解商品的性价比。主播在介绍商品时要强调商品的优势，同时帮助粉丝货比三家，强调自家商品与其他同类商品相比所拥有的价格优势、功能优势等。这样的行为还能增进粉丝对主播的好感。

2. 通过会员来留存粉丝

对商品有明确需求的粉丝是主播最核心的目标消费者，让其成为店铺的会员是留存这部分粉丝的重要手段。主播可以在直播销售中讲明成为店铺会员的条件，同时讲明会员能够享受的各种优惠，在各种优惠的吸引下，这部分粉丝很可能会成为店铺的会员。

同时，为了留存粉丝，也为了激励粉丝进行多次消费，主播需要建立完善的会员体系，明确会员的等级和福利。会员等级越高的粉丝享受的福利也会越多，这能够激发粉丝的购物热情，使其成为店铺的忠实粉丝。

3. 拉近与粉丝的距离

主播要拉近与粉丝的距离，一个一味推销商品的主播是不会给粉丝留下深刻印象的。主播要营造一个良好的形象来拉近与粉丝的距离，与粉丝成为朋友。这样当粉丝需要购买一件商品时，就会更愿意在主播的直播间里购买，所以主播保持和粉丝之间的良好关系就显得尤其重要。

主播拉近与粉丝的距离，维护与粉丝的关系不是一件一蹴而就的事情，而在于平时的点滴积累，主播在直播时应多与粉丝进行沟通交流，多互动，多了解粉丝的偏好等。部分主播只追求把商品推销出去，在商品售出后对粉丝的态度就不复之前的热情，这样就难以留住粉丝，主播要始终对粉丝保持一个良好的态度，这样才会有回头客，才能留住粉丝。

粉丝的选择是多样的，主播只有把握住粉丝的需求才能让粉丝选择自己的商品而不是别家的商品，才能更好地留存粉丝。主播需要对粉丝的需求进行深入研究，在直播中对粉丝诚恳相待，洞察粉丝的心理，瞄准粉丝的需求，反复强调自家商品能为粉丝带来的好处，与粉丝进行深度对话并促成交易。

9.1.2　有大概的需求但是不明确

部分粉丝的需求并不明确，这一类粉丝不是没有需求，而是不明白自己具体需要什么。这类粉丝往往会有一些大概的需求，如想吃好吃的食物、想穿漂亮的衣服、想美化一下生活环境等。对于具体吃什么、穿什么、怎样美化生活环境，他们并没有具体的想法。这时主播需要做的就是将这类粉丝的需求具体化，帮助他们明确自己的需求。

主播首先要从这部分粉丝的大概需求入手，例如粉丝的需求是"吃好吃的"，在不确定粉丝口味的情况下，主播可以将自己认为好吃的一些食品推荐给粉丝，再根据商品的销量对粉丝口味进行进一步判断，这样层层递进，逐渐锁定粉丝的兴趣点，之后就可以根据其需求准确地进行商品推荐。

此外，主播也可以为粉丝营造出一个需求。例如，粉丝想改善居家环境却不知从哪方面进行改善，主播可以为粉丝营造一个生活场景。

主播推销的商品中包含香薰，那么可以通过香薰来营造场景："大家每天下班之后是不是都会很疲惫？当你忙碌了一天回到家中，点燃这个香薰，柔和清香的气味会缓缓充满整个房间，在这种柔和气味的包裹下，大家能够放松身心、舒缓神经，感受到家中的温暖。"

这样的场景营造就可以帮助想要改善居家环境的粉丝明确具体的需求：可以买一个香薰来舒缓忙碌的生活。这样的方法适用于各种商品的推销，对于有大概需求但需求不明确的粉丝，主播需要给他们一个明确的需求建议，粉丝也会将主播的建议作为重要的参考内容来明确自己的需求。

在与这部分粉丝交流的时候，主播要重视与粉丝的互动，不能只是一味地推销商品。主播要多与粉丝进行互动，从粉丝的大概需求入手帮助粉丝明确自己的需求，同时针对粉丝的需求将自家商品的功能、优势一一讲明，使粉丝明确自己需要的就是主播所推荐的商品。

9.1.3 没有具体需求

当粉丝没有具体需求时，主播也不必烦忧。对于没有需求的粉丝，主播要做的就是为粉丝创造需求。人都会有需求，无论是物质上还是精神上的需求。同时，粉丝在购物时也会受从众心理、追求实惠等心理的影响。主播可以从商品本身及粉丝的购物心理出发，为粉丝创造需求。

2019年10月，李佳琦在直播间推荐了一款男士护肤品，由于其粉丝多为女生，因此李佳琦在推销这款护肤品的时候说："买给你们的男朋友，这个真的很划算。"没想到直播间的粉丝并不买账，纷纷评论："他不配，下一个。"最终这款男士护肤品的销量十分惨淡。

后来，李佳琦在推荐一款男士沐浴露时，在介绍完沐浴露的特点之后，李佳琦还强调了这款沐浴露实惠的价格，并对粉丝讲道："给男朋友买便宜的，他就不会偷用你贵的沐浴露了。"这一推荐让许多粉丝忍俊不禁，并觉得十分有道理，于是纷纷下单，最终这款男士沐浴露卖出了不俗的销量。

李佳琦直播间的粉丝多为女生，一般来讲，她们对男士产品是没有需求的，李佳琦要想推销出商品，就需要为粉丝创造需求。在推销男士护肤品时，只是价格划算并不能让粉丝对男士产品产生需求，而在推销男士沐浴露时，李佳琦找到了粉丝的痛点，表示"给男朋友买了这个他就不会偷用你的了"。这种以粉丝痛点为出发点的表述得到了粉丝的认可，同时她们对男士沐浴露也产生了购买的需求。

对其他主播而言也是如此，主播可以根据商品的特性结合粉丝的痛点，为粉丝创造需求。

此外，主播也可以从粉丝的购物心理出发为粉丝创造需求。一部分粉丝追求经济实惠，看重商品的价格，折扣商品和直播销售中的优惠活动能够吸引他们的目光，因此主播可以根据这一点为粉丝创造需求。在直播过程中，主播需要详细讲明店铺优惠活动的细则，哪些商品有折扣，满减活动具体是怎样的，等等，同时可以打出"全网最低""限时一天"等标语，吸引这部分粉丝购买商品。

还有很大一部分粉丝追求大众的认同以及社会归属感，他们希望跟随大众的脚步，追求大众所追求的商品。对于这一类粉丝，主播就要给自己的商品制造爆点，强调自己所推销的商品是爆款商品，商品的销量远超同类商品，等等。这种推销对这类粉丝具有很大的吸引力，粉丝也会积极地购买这些爆款商品。

主播在推销商品时可以通过满足粉丝的心理来进行推销。如果主播推销的是价格较低的零食，就要反复向粉丝强调该零食的物美价廉，使追求实惠的粉丝产生购买的欲望。如果主播推销的是价格较高的零食，就要强调该零食的风靡程度以此吸引追求潮流的部分粉丝下单。

总之，即使是没有具体需求的粉丝，主播也可以为他们创造需求。主播可以以商品本身或粉丝的购物心理为出发点，对粉丝加以引导，激起粉丝的购买欲望，这样主播就能够将商品快速推销出去了。

9.2　把握粉丝核心需求

为了更好地进行直播销售，主播必须要把握住粉丝的核心需求，依据粉丝的核心需求开展直播。粉丝观看直播并不只是为了购物，他们同样有娱乐的需求，主播想要吸引粉丝观看直播就需要在直播中同时满足粉丝购物和娱乐这两种需求。而在把握粉丝核心需求时，主播不能仅凭推断了解粉丝的需求，应该通过各个渠道倾听粉丝的需求，以便精准地把握粉丝需求。

9.2.1　粉丝核心需求：购物+娱乐

了解粉丝的需求，主播才能更好地优化直播内容，激发粉丝的购物热情，提高店铺销量。主播直播是为了推销商品，但粉丝观看直播却不一定都是为了购物。如果主播没有搞清楚这一点，只把直播间当作给商品做广告的地方，不注重粉丝的需求，就会很难将直播经营下去。

主播需要明确的一点是，粉丝对直播销售有一定的娱乐需求，如果主播只是满足粉丝的购物需求，不断地推销商品，那么粉丝在购买完商品后就会退出直播间，主播也难以留存粉丝。很多粉丝都希望通过观看直播满足购物和娱乐的两方面需求，所以主播在推销商品的同时也要让直播内容更有娱乐性，这样才能够留住粉丝。

欣欣是一个淘宝直播间的主播，其经营的店铺是一个化妆品店铺。为了吸引更多的粉丝，欣欣在推销化妆品的同时还会为粉丝讲解不同妆容的画法及一些化妆的小技巧，同时还会根据粉丝的建议化一些有趣的伪妆。由于欣欣直播具有趣味性，一些粉丝即使在没有购物需求时也会进入欣欣的直播间观看她的直播。如果欣欣的一场直播有20万粉丝在观看，那么很可能只有其中的几万粉丝下单了，而剩下的粉丝都在围观。

粉丝只围观不下单对欣欣而言也是十分有利的，围观的粉丝对于欣欣推销的商品也是有需求的，即使今天没有下单，但只要他们还在继续观看欣欣的直播，那么说不定会有下单的那天。

主播在满足粉丝购物和娱乐需求的同时，还要把握好直播销售过程中推销商品和娱乐性内容这两方面内容的比例。如果主播没有控制好这两方面内容的比例，就会影响直播销售的销售额。

例如，有些主播的粉丝很多，每次主播在直播时也有不少的观看量，但是购买商品的粉丝却寥寥无几。究其原因，就是这些主播为了吸引粉丝关注太过重视直播销售中的娱乐性内容，大部分粉丝关注该主播只是为了看主播在直播过程中的娱乐性内容。

适当的娱乐性内容能够更好地留存粉丝，但是当主播直播中娱乐性内容所占比例太大时，主播吸引来的粉丝有很多就可能不是为了购买商品而来。在粉丝只是对该主播的娱乐性内容感兴趣的情况下，即使主播的直播内容再有趣也难以提高商品销量。

因此，在了解粉丝购物和娱乐的需求的情况下，主播要抓住直播销售的重点，即推销商品。优质、性价比高的商品是主播吸引粉丝的最重要因素，而在直播内容中增加娱乐性只是提高粉丝黏性、提高商品销售量的辅助性手段。主播要控制好娱乐性内容的比例，不可本末倒置。

9.2.2 倾听粉丝的需求

主播要想把握住粉丝的核心需求，就一定要学会倾听粉丝的需求。在分析粉丝的核心需求时，主播可以凭借直播间的数据和自己的经验来分析粉丝的核心需求，但倾听粉丝的需求是最直接的了解粉丝核心需求的方法，同时也能够让主播更加精准地把握粉丝的核心需求。

主播在了解粉丝需求的过程中一定要注重倾听粉丝的声音，粉丝所处的地域不同、年龄不同，需求也不尽相同，主播在充分了解粉丝的各种需求后，才能够从中分析出粉丝的核心需求。主播可以通过如图9-2所示的方式倾听粉丝的需求。

关注直播间评论和弹幕

关注粉丝群或微博等社交平台的留言

开展话题活动

图9-2　倾听粉丝需求的方式

1. 关注直播间评论和弹幕

主播倾听粉丝需求的最基础的途径就是多关注直播间的评论和弹幕。主播在直播时如果没有时间观看全部的弹幕，可以请助手帮忙截屏，在直播结束后，主播需要对直播的全部弹幕和评论进行分析，以便了解粉丝的想法。在主播直播过程中，粉丝发送的评论和弹幕是粉丝对于直播内容的最直接反映，主播通过分析这些评论和弹幕能够清晰地认识到自己的直播中出现了哪些问题，以及应该如何优化直播内容。

2. 关注粉丝群或微博等社交平台的留言

除了在直播间发送评论和弹幕，一些粉丝也会在粉丝群或主播发布的微博下发表自己的看法，这些内容对于主播倾听粉丝的需求而言也是十分重要的。

主播需要时时关注粉丝在粉丝群的讨论或对自己的留言，同时主播也可以通过粉丝群、微博等和粉丝进行交流，了解粉丝的需求。

3. 开展话题活动

主播可以通过开展话题活动的方式有针对性地了解粉丝的需求。例如，主播可以在微博上设置"我最喜欢主播的一点""主播的特点"等话题，鼓励粉丝积极参与话题，通过这样主动制造话题的方式来激发粉丝的讨论。主播也可以从粉丝的讨论中了解粉丝的需求。

在主播充分了解了粉丝的需求之后，主播就可以以粉丝的需求为出发点，根据粉丝的需求来优化自己的直播内容。

坐拥千万粉丝的淘宝主播薇娅也没有忘记应该时刻倾听粉丝的需求。在薇娅做淘宝直播的两周年之际，薇娅的直播公司谦寻为薇娅的粉丝举办了一场"粉丝节"。薇娅说举办这场粉丝节不是为了推销商品，而是为了倾听粉丝的需求，了解自己在粉丝眼中的形象。

通过举办这样的"粉丝节"活动，薇娅的粉丝从中获得了福利，而薇娅也充分了解了粉丝的需求，薇娅和粉丝的距离拉近了。这次活动结束后，薇娅还表示为了以后多倾听粉丝的需求，每个月都要举办一场粉丝节。

在挖掘粉丝核心需求方面，倾听粉丝的需求是必不可少的。主播除了通过各种方式倾听粉丝的需求，还要注意倾听粉丝需求是一个长期的过程，粉丝的需求是不断变化的，主播需要时时倾听粉丝的需求，以便能够及时、准确地优化自己的直播内容。

9.2.3　95后新晋主播：展现粉丝想看到的样子

直播销售已经成为一个新风口。2018年，淘宝直播成交额已达千亿元人民币，新的机遇吸引了越来越多的人进入直播销售这一行业中，而其中就有95后主播乔乔。

乔乔在大学期间就在淘宝上开了一个化妆品店，到她大学毕业时，化妆品店已经经营了一年多。此时，直播销售的潮流刚刚兴起，虽然乔乔的化妆品店经营得不错，但安于现状不是她的性格。在对直播销售做了一番研究之后，乔乔毅然开通了淘宝直播间，做起了直播销售的主播。

乔乔做直播销售并不是一时起意，她平日里就喜欢研究各种化妆品，也懂得很多化妆的小技巧。在选择进行销售直播之前，乔乔信心满满，认为直播销售一定能够进一步提高店铺的销量。

然而，在真正开展了几次直播销售之后，乔乔发现了问题。乔乔性格比较腼腆，即使有较为专业的化妆品知识，她也难以应对屏幕前粉丝的种种提问，同时，她也把控不好直播的流程，在直播中出现意外状况时，乔乔更是手足无措。

经过前期直播的这些困境，乔乔明白了她还有许多关于粉丝的工作要做。为了把直播销售做好，为了在粉丝前展示自己最好的样子，乔乔做了多方面的努力。

首先，在每场直播之前，乔乔都会花时间去了解商品的特点，并根据商品的特点进行讲解。乔乔认为这样做既是对商品负责，也是对粉丝负责。每场直播之后，乔乔都会认真研究直播数据，分析自己的直播状态，一步步地优化自己的直播方式。渐渐地，在直播间每个商品的细节把控和直播氛围的把控方面，乔乔有了明显的进步，同时，她也一直坚持把自己最好的状态展现给粉丝。

其次，乔乔更加注重与粉丝的互动交流。在直播过程中，乔乔经常与粉丝聊天，了解粉丝的需求，还会不时地开展各种互动福利活动，鼓励更多的粉丝参与进来。同时，乔乔在直播中会经常鼓励粉丝活出自己，鼓励粉丝追求自己想要的生活，其与粉丝的聊天也更加亲密自然。

经过了一次次改变的乔乔成熟了许多，做起直播销售来也更加轻车熟路。现在的乔乔已经能够轻松把握直播销售过程中的流程和节奏，能够在介绍商品的同时展现出自己的专业性，也能够在与粉丝的交流中展现出自己的人格魅力，乔乔在粉丝面前展现出了自己的闪光点，其也成了一名优秀的主播。

第 10 章────────────

沟通技巧：个人表现力拉动商品销量

　　主播与粉丝良好的沟通能够带动直播间的氛围，提升粉丝的观看体验，也能够感染粉丝，激发其购物热情。因此，在直播销售的过程中，主播掌握与粉丝沟通的技巧是十分有必要的。

　　超强的个人表现力能够有效地吸引粉丝的目光，使粉丝对主播更加有好感，从而愿意购买主播推销的商品。而亲和力也能够拉近主播与粉丝的距离，提升粉丝对于主播的黏性。因此，主播需要在与粉丝进行沟通的过程中展现自己的表现力与亲和力，这对于主播引导粉丝下单、提高商品销量而言都是十分有利的。

10.1 表现力

在直播销售的过程中，主播的表现力尤其重要。在推销商品时，主播的表现力越强，就越能够感染粉丝情绪，带动粉丝下单。主播想要使商品的销量更上一层楼，就一定要提高自身的表现力。

10.1.1 表情、动作丰富，调动气氛

主播在直播销售中的表现是决定粉丝是否会下单的重要因素。因此，主播在进行直播销售时要重视自己的表情、动作。很多主播在进行直播的时候不知道应该怎么做，表情、动作僵硬且单一。这也是很多主播难以提升人气、提高商品销售量的重要原因。

直播间是主播和粉丝进行沟通互动的最主要渠道，除了保持微笑，主播也要做出丰富的表情和动作，以调动直播间的气氛。比如，主播在试穿衣服时，如果衣服的上身效果非常好，主播就可以通过一些夸张的描述或做一些适度夸张的动作来表示自己对衣服的满意。适度夸张的语言或动作能够让粉丝感受到主播的积极与热情，带给他们一定的感官刺激，从而使其对商品产生好感，带动商品销售额的增长。

在调动直播间气氛时，仅凭主播自己的语言、动作表现来调动直播间的气氛是没有太大效果的，为了使自己的表情、语言、动作等更有感染力，主播必须与粉丝进行互动。一些主播会对进入自己直播间的粉丝表示热烈的欢迎，这会使粉丝产生满足感。同时，主播也可以在直播间里分享一些小搭配、与商品有关

的小知识或主播曾遇到过的趣事来调动直播间的气氛。

10.1.2　幽默搞笑永不过时

在淘宝直播中有一位名叫"思辰不是舒淇哦"的主播，被人戏称为"戏精主播"。这位主播不仅颜值高，其风 趣幽默的性格也是其吸引大量粉丝的法宝。这位主播的直播间总是充满了轻松愉快的氛围，使其在短时间内吸引了大量的粉丝，同时，其每场直播都能够取得十分不错的销售额。

幽默诙谐永远是拉近 主播和粉丝之间距离的法宝，直播的活力就体现在趣味性上。所以，即使主播需要在直播销售的过程中展示自己的专业技能和丰富的经验等内容，在表达方式上主播也不能过于生硬刻板，而应以趣味的方式将生硬的知识传递给广大粉丝。

那么，主播应怎样做到幽默诙谐来提高直播过程中的趣味性呢？主播需要做到3个方面，如图10-1所示。

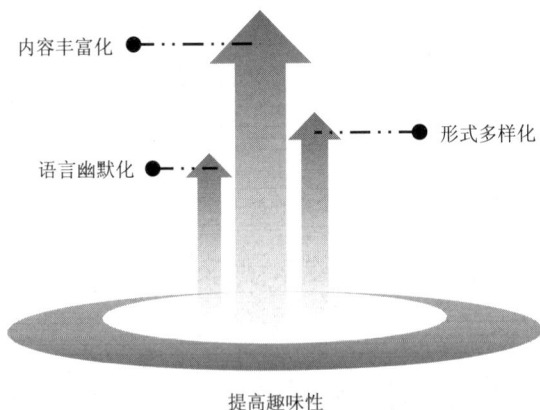

内容丰富化

形式多样化

语言幽默化

提高趣味性

图10-1　如何提高直播间趣味性

1. 语言幽默化

主播在直播中适时地使用幽默的语言就能使直播的过程更加轻松愉悦，这种轻松愉悦的氛围是粉丝所需求的。另外，由于粉丝群体的广泛性，其性格和知识水平存在差异，所以，主播在直播的过程中难免会遇到一些棘手的粉丝，这时主播就可以运用幽默的语言巧妙地化解尴尬。幽默的语言不仅能化解尴尬，还能表现出主播的智慧，使主播以自己的人格魅力吸引更多的粉丝。

2. 内容丰富化

要满足庞大的粉丝群体的需要，直播的内容就必须丰富。主播不仅需要推销商品，还要向粉丝介绍商品的各种细节以及商品的使用感受。此外，主播还可以为粉丝讲解一些小技巧，比如主播在销售服装类的商品时可以向粉丝讲解服装的穿搭小技巧。

3. 形式多样化

目前，主流的直播销售形式主要包括固定的直播室内直播、商场直播、户外直播等。主播可以采用多种直播形式，增加直播的趣味性。

对直播销售而言，幽默搞笑永不过时。主播形成幽默搞笑的直播风格能够彰显自身魅力，吸引更多的粉丝，从而拉动商品销量。

10.1.3　有效沟通：明确自己的表达和对方的想法

主播是以直播的形式与粉丝进行沟通，而语言是主播与粉丝进行沟通的主要手段。为了实现更好地沟通，主播在和粉丝进行沟通的时候一定要让对方知道自己在表达什么，同时也要了解对方在说什么。主播保证与粉丝的有效沟通是十分重要的，在与粉丝进行沟通的时候，主播需要注意如下几个方面。

首先，在与粉丝进行沟通的过程中，主播要明确自己的表达。在直播销售的过程中，主播需要将商品的优势和卖点介绍清楚。在开展各种活动时，主播也需要讲明白活动的规则。为确保粉丝能够清楚地了解这些内容，主播可以随时询问粉丝是否在某一方面存在疑惑。如果粉丝提出了问题，那么主播需要针对问题进行详细的回答。

其次，主播要倾听粉丝的想法。主播要认真倾听粉丝的想法，站在粉丝的角度去思考粉丝的表述体现了其哪些需求。在明确粉丝的想法后，主播才能够有针对性地与其进行沟通。如果主播不了解粉丝的需求，就容易在与粉丝的沟通中讲错话，从而引起粉丝的反感，导致粉丝的流失。

最后，有很多主播会因直播间的人数太多而忽略粉丝的想法，这时主播就要多向粉丝提问，让粉丝自己提出问题、表达自己的想法。这样主播才能够了解粉丝的需求，进而实现有效沟通。

10.2　亲和力

主播的亲和力对其实现与粉丝更好的沟通而言也是十分重要的。一位优秀的主播一定是与粉丝更加亲近的主播。主播自身的亲和力强，粉丝对主播没有距离感，自然更愿意和主播交流，主播也能因此提高粉丝黏性，最终带动商品销售量的提升。

10.2.1　从共同话题入手

木槿是一位直播销售的主播，刚开始做直播的时候，木槿由于性格内向、不太敢说话，在直播销售的时候完全放不开，只是单纯按照说明书上的内容给粉丝介绍商品，直播间的人也很少。

后来，为了更好地推销商品，木槿请教了一位经验丰富的主播。这位主播每天都会与木槿一起练习直播销售中的沟通内容，还教授了她许多与粉丝进行沟通的技巧，告诉木槿她可以从共同话题入手和粉丝进行沟通。

在这位主播的帮助下，每次直播前，木槿都会准备一些与直播内容相关的话题，同时在粉丝提起某话题时，木槿也会积极地和直播间的粉丝进行探讨。渐渐地，木槿的性格变得活泼了起来，也变得更加健谈，在直播的时候经常会和粉丝进行各种互动。很快，木槿的粉丝多了起来，其直播间的销售额也得到了稳步提升。

主播可以为直播销售设计一些话题。例如，主播在介绍衣服的时候，可以与粉丝聊一聊衣服搭配问题，也可以与粉丝讨论衣服适合的妆容。同时，主播可以从以下3个方面入手寻找引起粉丝共鸣的话题。

首先，从一些小细节入手寻找话题。在直播销售的过程中，主播会对商品进行详细的介绍，也会讲解一些关于商品的小知识，而观看直播的粉丝都是对商品存在需求的，他们对商品本身也十分有兴趣。主播与消费者关于商品的兴趣是一致的，在介绍完商品之后，主播可以以商品的某一细节为出发点与粉丝展开讨论。比如，在推销一款鞋子时，主播可以与粉丝讨论鞋子搭配的服装风格、鞋子的清洗技巧等。这些共同话题的讨论可以拉近主播和粉丝的距离。

其次，根据粉丝提出的话题展开讨论。这也是和粉丝拉近距离、打好关系的最便利的方法。例如，主播在推销一款帽子时，一位粉丝询问："这款帽子适合什么发型？"主播就可以以此问题作为话题，引导直播间的其他粉丝展开讨论，最后给出自己的建议。这样的话题设置会使得主播的直播更加灵活，同时也能够使粉丝展开联想，激发其购物热情。

最后，用一些自己的经历来和粉丝展开话题。例如，销售宠物零食的主播可以在直播的过程中分享一些自己与宠物之间的趣事，也可以分享养宠物过程中的一些烦恼。由于主播的粉丝多为"铲屎官"，他们对于主播分享的事情能够产生很深的共鸣，所以会积极讲述自己的经历。

共同话题的讨论不仅能够拉近主播与粉丝的距离，展现主播的亲和力，同时也能够提高粉丝黏性，进而提高直播间的销售额。同时，主播亲和力的展示能够让粉丝更加信任主播，从而愿意购买主播所推销的商品，这对提高直播间的销售额而言也是十分有利的。

10.2.2　应对负面评价: 客观对待+适当"自黑"

主播在直播的过程中，会因一时紧张或一时考虑不周而犯一些小错误，这时可能就会有一些粉丝发表负面评论。一些主播在面对这些负面评论时情绪会失控，比如会和粉丝在直播间进行激烈的争吵或一气之下下播等，这种应对方式都会对主播造成不良的影响，更不利于主播亲和力的营造。

那么，主播应该如何化解这些负面评价？在化解负面评价时，主播需要注意5个方面，如图10-2所示。

1. 切勿本能回复

在回复任何负面评价的时候，主播应该认真考虑事情的严重性，根据事情的严重程度判断回应的方式及内容，而不能直性而为。比如有一个粉丝诋毁了主播，主播不能直接与这名粉丝发生语言冲突，不然就会影响自身的形象，影响自己在粉丝心中的地位。

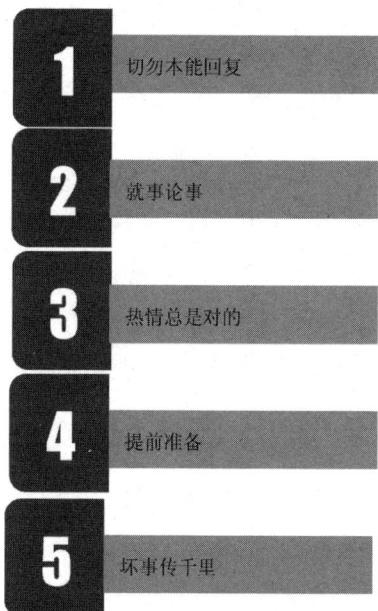

图10-2 化解负面评价时的注意事项

2. 就事论事

在遇到负面评价的时候，主播一定要就评论本身做判断，而不能连带着殃及其他人。比如，一个粉丝说"主播直播销售的内容不够精彩"，那么主播不能直接说"觉得直播不精彩的粉丝就不要看"等话语，一定要就事论事，主播可以请粉丝详细讲讲直播中存在哪些缺陷，不能急躁，要心平气和地就事论事来解决问题。

3. 热情总是对的

主播面对负面评价要保持热情是很难的。如果这类评价很多，那么主播依旧热情地答复重复的评价就更难了，但无论如何，主播都要尽量热情地回复负面评价，让热情变成一种解决问题的方法。这样做除了能够更好地解决问题，还能感染粉丝，让粉丝感受到主播的真诚。

4. 提前准备

主播应该习惯负面评价的出现，因为这是一定会发生的。即使主播的直播内容十分专业、十分引人注目，还是会有粉丝不满意或提出更加严苛的要求。所以主播一定要提前做好接受负面评价的心理准备，准备一些防范措施。

5. 坏事传千里

不管事情的真相是不是主播的错，很多人都有可能借负面评论来发泄心中的不快。因此，主播要认真对待每一条负面评价，积极地去应对这些评价，让粉丝感到自己是一个阳光且尊重他人的主播。

在面对负面评价的时候，主播不能一味逃避，而是要积极地去应对、去巧妙地化解它。一名优秀的主播必须要有善于应对危机的能力。在应对负面评价时，除了上述注意事项，主播还需要做到两点，即客观对待和适当"自黑"。

客观对待即主播在面对粉丝的负面评价时，要客观地分析粉丝的负面评价是由于自己的失误造成的，还是由于粉丝的误解造成的。如果负面评价是由于自己的直播失误造成的，那么主播应向粉丝表达歉意并及时解决问题，避免此类问题再次发生；如果负面评价是由于粉丝的误解造成的，那么主播应在直播的过程中向粉丝讲明事情的原委，消除粉丝的误解。

适当"自黑"即面对粉丝带有恶意的负面评价时，主播可以通过适当"自黑"的方式来化解与粉丝的矛盾。同时，主播的适当"自黑"还能够让粉丝感受到主播的智慧和善意，能够展现自己的亲和力，拉近与粉丝的距离。

第 11 章

互动体验：与粉丝建立信任关系

对主播而言，与粉丝建立信任关系是十分重要的。与粉丝建立信任关系能够提高粉丝的黏性，使主播拥有更多的忠实粉丝。在直播销售的过程中提高粉丝的互动体验是主播与粉丝建立信任关系的重要手段。

为了提高粉丝的互动体验，主播需要迎合粉丝的心理，拉近与粉丝的距离。同时，主播需要通过直播预热、制造话题等方式来为粉丝参与直播销售提供机会，加强粉丝的参与感。

11.1 迎合粉丝心理

主播想要与粉丝建立信任关系就一定要会迎合粉丝的心理，在互动中拉近与粉丝的距离。只有拉近了与粉丝的距离，粉丝才能够更加信任主播。主播需要多站在粉丝的角度考虑问题，多关注粉丝的需求，久而久之自然可以建立起与粉丝的信任关系。

11.1.1 关注粉丝需求，及时回复

主播在进行直播销售时，一般会有粉丝询问一些他们没有听明白的问题，比如商品的细节、优惠活动等。而粉丝进直播间的时间并不统一，很多时候主播可能刚刚回答了一位粉丝关于商品的某一问题，不久后就会有刚刚进入直播间的新粉丝向主播提出同样的问题。这样的情况会经常发生，而主播需要时刻对粉丝保持耐心。

主播应该清楚的一点是粉丝并不会故意为难主播，他们提出问题或许是没有听明白主播的讲解，或许是刚刚进入直播间错过了主播的回答。主播应该认真对待粉丝的每一次提问，即使是相同的问题，主播也要认真回答。

在直播间人数较少时，主播应该时刻查看粉丝的评论，及时解答粉丝的问题，不要只顾着推销商品而不看粉丝的反馈。在直播间人数过多时，粉丝的评论一条接着一条，不断有新评论把之前的评论顶上去，主播很难及时看到每一位粉丝的提问。这并不意味着主播就可以忽略掉这些粉丝的问题了，主播无法及时回复粉丝的提问时，可以请助手截屏，总结粉丝经常会提问的问题，再统一进

行回答。

为了更全面地回答粉丝的疑问，主播可以不时地询问粉丝是否有问题，并且让助手时刻关注直播间，记录下比较重要但是被遗漏的问题。这样粉丝就可以感受到主播的用心。主播用心地对待粉丝，粉丝也会加深对主播的信任。

有些粉丝或许会因好奇而提出一些和直播内容没有关系的问题。比如，在直播时，主播身后出现了一条小狗，粉丝就会好奇："主播是在家里直播吗？这是主播家里养的小狗吗？"对于这一类与直播内容无关的问题，主播可以适当地做出回答："这是店铺里养的小狗，叫旺财，是我们店铺的小宝贝哦。"这种回答既满足了粉丝的好奇心，也能够让粉丝看到主播生活化的一面，可以很好地培养粉丝对主播的好感。

当主播认为某些粉丝提出的问题越界了的时候，也不要在直播间有过激的言论。主播可以用四两拨千斤的方式巧妙地避开话题，例如"你一说这个问题我忽然想起昨天我……"既表现出自己不想回答该问题，也给了提出问题的粉丝一个台阶，这样粉丝就知道自己的问题有些越界，下次自然不会问这些问题了。其他的粉丝也可以感受到主播的善意，对主播更有好感，久而久之，主播和粉丝之间的信任关系也就能很好地建立起来了。

11.1.2　用专业知识征服粉丝

在多数情况下，大部分粉丝只知道自己需要购买什么商品，而并不太了解商品的专业知识。作为商品推销者的主播却不能不了解自己所推销的商品，喊口号式的推销方式难以使粉丝对主播产生信任。主播如果想要建立与粉丝之间的信任关系，就必须用自己的专业知识来征服粉丝。

以家装商品为例，大部分粉丝对家装行业并没有过多了解，自然也缺乏家装相关的专业知识。当粉丝购买家具时，会发现家具有不同的材质、款式，其对应的装修风格也不尽相同。这时粉丝就会陷入迷茫，不知从何处入手挑选商品，而主播可以依据自己的专业知识为粉丝提供帮助。

主播一定要对自己所销售的商品及其相关知识有充分的了解，才能够更好地帮助粉丝解决问题。比如，在销售家具的过程中，主播要了解家具的材质、款式、适应的装修风格等，同时还要对家装设计、家居的保养等知识有一定的了解，以便在粉丝提出疑问的时候给出合理的回答。

例如，一位粉丝刚刚拥有了一套自己独居的小公寓，由于公寓的空间不大，粉丝难以挑选适合公寓的家具。这时主播就可以先了解公寓的具体大小、空间布置、粉丝喜爱的装修风格等问题，再根据公寓的情况和粉丝的需求进行推荐。比如，主播可以为粉丝推荐上床下桌的双层床，也可以为其推荐一些方便收纳的衣柜等家具，既能够解决粉丝的问题，也可以让粉丝感受到主播的专业性，从而建立起与主播之间的信任关系。

不只是家具的推销，主播在推销任何一类商品时都要具备一定的专业性知识，即使只是推销一款普通的零食，主播也可以在推销的过程中向粉丝展现自己的专业性。现代社会，人们对健康的追求日趋上升，有很大一部分粉丝在购买零食时不仅看重零食是否好吃，也会在意吃多了零食是否会对健康有影响。同时，对部分女性粉丝来说，她们也会担心零食是否会使她们发胖。主播在推销零食的时候就可以多强调零食中富含的对人体有益的成分，对于担心吃多了零食会发胖的粉丝，主播还可以教她们制作一些低卡沙拉的小技巧等。

无论主播推销什么种类的商品，都要对商品有足够的了解，并且在与粉丝的互动中展示出自己的专业性，这样粉丝就会更加认同主播所说的话。如果主播一味地通过喊口号来推销商品而没有干货，粉丝就会对主播的直播产生疲劳。

主播只有用自身的专业知识征服粉丝，才能够更好地与粉丝建立信任关系。

11.1.3 多讲故事，拉近心理距离

直播间是主播推销商品的平台，但是生硬地推销商品并不会取得很好的结果，想要让粉丝买账，拉近与粉丝的距离，主播就要与粉丝建立起一个良好的信任关系。为此，主播需要让自己的直播内容变得生动有趣，能够勾起粉丝观看直播的兴趣，而一个会讲故事的主播往往可以很轻松地做到这些。

很多主播在直播的时候更注重对商品本身的推荐，直播时全程都在介绍商品的功效、使用体验等，与粉丝进行互动时也只是围绕着商品进行答疑。这样的推销虽然可以让粉丝充分了解商品的相关内容，却不一定能够让粉丝相信主播的推荐。在很多粉丝眼里，主播只是在机械地推销商品，他们无法完全信任主播的推荐。

薇娅在直播的过程中就不会单纯地推销商品，不会总是重复她的商品如何好，而是和粉丝讲一些她生活中的小故事。薇娅喜欢和粉丝分享自己和家人之间的生活趣事，在粉丝眼里，她不只是一个淘宝主播，也像是自己生活中的邻家大姐姐。

多讲故事并不意味着主播不能推销自己的商品，主播可以把对商品的推销融入故事中。主播可以通过讲故事，把粉丝带入一个商品的具体使用场景中。比如，主播在推销一款母婴商品时，就可以从自家孩子或者亲戚家的孩子入手，和粉丝分享一个关于孩子的小故事，再讲讲在养育孩子的过程中碰到的烦恼。同样有孩子的粉丝自然会和主播产生共鸣，这样一来主播既能推销出商品，又能拉近和粉丝的距离。

主播在直播时，如果只是单纯地介绍商品就会很难让粉丝喜欢起来，想要获

得粉丝的喜欢就要贴近粉丝的生活。直播间不仅是主播用来推销商品的平台，也是主播和粉丝进行互动的一个窗口，良好的互动能够在一定程度上满足粉丝的社交需求，粉丝的需求得到了满足，自然会对主播产生好感，从而加深对主播的信任。

主播在直播中讲故事能够与粉丝建立起一个情感链接。一些或是快乐或是烦恼的小故事可以使主播在粉丝面前变得生活化。粉丝对主播产生了亲近感，其与主播之间的距离自然就拉近了，粉丝也会更加信任主播。

11.1.4　只买对的，多强调商品性价比

在直播的过程中主播一定要对自己所推销的商品有全面的了解。主播只有清楚地了解商品的优势在哪里，才能更好地给粉丝做介绍。如果主播连商品的优势都不清楚，粉丝又怎么能够信任主播？因此，主播一定要对商品有全面、准确的了解，再把商品的优势准确地传达给粉丝。

如果主播在直播时夸大了商品的优势，一开始或许会获得一些收益，但同时也损失了粉丝对主播的信任。主播在直播的过程中应如实对商品进行介绍，要让粉丝在收到商品后感觉自己买对了东西，自己花的钱是值得的。

主播在直播的过程中应该多向粉丝强调商品的性价比。大部分粉丝并不了解商品的真实性价比，他们可能会觉得同样的东西，买的时候越便宜就越能得到实惠，但事实往往不是这样。

有时候主播推销的商品并不比同类商品便宜，这时为了让粉丝信任主播的推销，主播就需要从商品的性价比出发，为粉丝分析自家商品比同类商品要贵一些的原因。

比如，主播在推销商品时可以说："我们的商品更贵是因为在制作时选用了

更优质的材料，这样商品的使用寿命要远长于其他商品。粉丝朋友们或许看到那些商品更便宜，但其质量很难有保证，而我们的商品平均使用寿命是5年，并且如果商品出现了质量问题，一年内可以随意退换。"

主播这样的推销可以打消粉丝心中的疑问，同时能够让粉丝接受商品的价格。粉丝在下单前都会考虑商品的性价比，只要主播讲明自家商品的性价比是很高的，就能吸引更多粉丝下单。

主播在推销商品时要多站在粉丝的角度，关注粉丝最关心的问题。相比买得便宜，粉丝更希望自己买得对，主播要向粉丝强调商品的性价比。即使粉丝在主播这里购买一件商品比在其他地方购买同类商品多花了钱，但只要粉丝了解自己购买的是高性价比的商品，也会更加信任主播。

11.2 加强粉丝参与感

在直播销售的过程中，主播要加强粉丝的参与感，粉丝与主播进行的互动越多，越容易信任主播。主播可以通过开展直播预热、询问粉丝开放式问题、制造话题的方式来加强粉丝的参与感。

11.2.1 直播预热：让更多的粉丝参与进来

主播要想让更多的粉丝参与直播互动，就一定要进行直播预热。假如主播突兀地开启直播，很多粉丝并不了解直播已经开始了，自然无法在第一时间内观看直播。而部分粉丝或许恰巧看到了直播，但他们并不清楚在本次直播中主播会推荐什么商品、是否有他们所需要的商品，也并不知道在直播中有哪些活动，因此粉丝点击进入直播间的可能性并不大。为了让更多的粉丝进入直播间，与更多的粉丝进行互动，主播需要做好直播预热。

在发布直播预热的信息时，主播要选择好发布渠道。如果主播发布的渠道不对，粉丝就不能第一时间看到推送。首先，主播可以通过微淘发布直播的预热小视频、图文信息等，让关注了店铺的粉丝及时看到直播信息。同时，主播也可以在淘宝粉丝群中发布直播信息，使粉丝了解直播的重点内容。其次，除了直播平台，主播也可以提前在QQ群、微信群、微博中发布直播信息，做好直播预热。

在发布直播预热信息时，一个好的标题是吸引粉丝的注意力的关键。主播要抓住粉丝的兴趣点，起一个引人注目的标题，吸引粉丝查看直播预热视频。例如，主播想要在直播中推销衣服，"今晚直播销售当季新款"这类的标题就很难抓住粉丝的目光。而如果主播结合视频内容及当下热点将标题改为"蓬松的头发你有了，淡黄的长裙呢？"那么粉丝看到这样的标题会想到时下的流行热点，就能够会心一笑，点击标题查看直播预热信息。

同时，想要让更多的粉丝参与直播，主播还要在直播预热信息中写明本次直播的主题，让粉丝能够对直播内容有初步的了解。此外，由于大部分粉丝都有追求实惠的心理，所以主播在发布直播预热信息时还要把直播中会开展的优惠活动放在最显眼的地方，让粉丝在第一时间注意到直播的优惠活动，并对直播产生期待，以便吸引其参与直播。

此外，优秀的直播预热内容还有可能会被淘宝挑选进入直播广场进行主题推广和包装，这也能够吸引更多的粉丝进入直播间。

11.2.2 你问我答：开放式问题引导粉丝参与

主播要想增强粉丝参与感，利用开放式问题来引导粉丝参与是一个不错的方法。主播可以向粉丝提出一些开放式的问题，给粉丝自由发挥的空间，以此引导粉丝与主播进行互动。主播可以向粉丝询问"怎么做""为什么"等一系列问题，让粉丝积极地给予主播反馈。开放式问题是引起直播间话题的一种方式，使粉丝能够发表自己的想法，能够增强粉丝的参与感。

在直播间热度并不高甚至有些冷场的时候，主播想要让粉丝活跃起来的最好方法就是提出一些开放式问题。开放式问题可以使直播间的气氛变得融洽、自然。主播提出开放式问题也可以体现出主播对粉丝的关注，能够拉近主播与粉丝之间的距离，在互动的同时也会增加粉丝对主播的信任感。

开放式问题往往可以调动粉丝的积极性，让主播有更多的机会和粉丝进行互动，让粉丝在与主播的互动中感到放松，更加自如地和主播进行交流。主播提出开放式问题可以使粉丝感受到主播希望他们可以参与直播，从而愿意表达自己的想法。

以销售零食为例，主播在直播中每当介绍完一款零食后，就可以围绕该零食提出一个开放式问题引导粉丝进行互动。例如，在介绍完一款小蛋糕后，主播可以说："我个人比较喜欢巧克力口味的蛋糕，不知道粉丝朋友们平时都更偏好什么口味呢？"

当主播介绍的是一款口味独特的零食时也可以以口味的独特性提出开放式问题来引导粉丝互动，例如主播可以说："这款零食中竟然含有香菜！我知道有的粉丝朋友对香菜的味道一点都不能忍受。由于我个人很喜欢吃香菜，所以可以请这部分粉丝告诉我，你们不喜欢吃香菜的原因吗？"这时粉丝就会积极地发表他们不喜欢香菜的原因或者表达他们对香菜的看法，与主播进行互动。

主播巧妙地运用开放式问题和粉丝进行互动可以有效地加强粉丝的参与感。在直播冷场的时候主播提出开放式问题引导粉丝参与能够快速提升直播间的热度；在直播间热度高时主播提出开放式问题也能使更多的粉丝参与讨论，使直播间热度更上一层楼。主播通过开放式问题来和粉丝进行交流能够加深粉丝对主播的好感，增加粉丝对主播的信任度。

11.2.3　制造话题：引爆粉丝互动

主播直播的核心目的是推销商品，但如果主播不能留住粉丝，自然就无法顺利地进行推销。在长达几个小时的直播里，如果主播一直围绕商品展开长篇大论，那么粉丝难免会感到疲惫。主播要增强粉丝的参与感，不能只让粉丝听主播说，主播也要制造话题让粉丝进行讨论，引爆粉丝的互动。

在每一场直播之前，主播都应该为直播准备三四个话题，在准备话题时，主播要注意不能选择一些较为敏感的话题，假如主播准备的话题引发了粉丝的争吵反而得不偿失。主播最好选择一些轻松但有讨论点的话题，这样可以在一个愉悦的氛围中把直播间的热度调动起来，也能够让粉丝更加积极地参与话题互动。

在推销商品的过程中，主播可以抛出一个与商品有关的话题引发粉丝讨论，这也需要主播多关注一些与商品相关的新闻热点。例如，主播在推销零食时，可以以时下的网红零食作为话题，也可以通过一些热播剧中出现的美食来引爆粉丝的讨论。主播从当下热点中寻找话题可以充分调动粉丝的积极性，让粉丝参与讨论，加强粉丝的参与感。

主播在直播时要学会制造话题引爆互动高潮，能够给粉丝留下深刻印象的主播往往是善于制造话题的主播。主播在与粉丝进行话题讨论时也能够使粉丝看到主播对于某些事件的独特见解。主播与粉丝双方都可以在讨论中加深对对方的了解，拉近彼此的距离，让粉丝在参与直播的同时增加对主播的好感，建立与主播的信任关系。

同时，主播在通过话题讨论来调动粉丝积极性的同时，也要对粉丝的互动进行把控。如果粉丝的情绪过于高昂或讨论的时间过长，那么对主播接下来的直播都是不利的。直播间的热度和粉丝与主播的互动是相辅相成的。主播把控好粉丝讨论的内容和时间，让粉丝积极互动，促进直播间的热度，直播内容会变得更有观赏性，粉丝也会更愿意参与直播互动。

第 12 章 ———————————————————

建立社群：流量二次利用

　　在主播拥有一定数量的粉丝数之后，为了维护粉丝，打造直播销售的商业闭环，主播建立社群是十分有必要的。社群的建立能够帮助主播更好地提高粉丝黏性，能够拉近主播和粉丝之间的距离。更重要的是，社群的建立能够实现粉丝流量的二次利用，有了众多的忠实的、活跃的粉丝，主播的直播销售才能够获得更长久的发展。

　　在建立社群时，主播首先要确定好社群的定位，社群的定位决定社群的内容，细化社群的定位能够垂直打造直播销售的商业闭环。其次，主播要通过一系列的促销手段来激活粉丝，使社群具备持久的生命力。最后，在打造好成熟的社群的同时，还要实现社群的裂变，主播的粉丝越多，越能够提升店铺的销售额。

12.1　社群定位：垂直打造直播销售商业闭环

主播在建立社群时一定要精准把握社群的定位。主播需要通过商品来为社群定位，同时需要通过对商品及粉丝的分析来打造社群的标签。社群标签能够深化粉丝对于社群的认知，也能够吸引更多的粉丝进入社群。同时，社群标签的打造要兼顾粉丝的体验感和参与感，精准的社群标签能够提高粉丝的归属感、提高粉丝黏性。

12.1.1　寻找差异性定位社群

在建立社群时，主播需要根据社群的差异性来确定社群的定位。如何寻找社群的差异性从而对社群进行精准定位？主播需要做好以下几个方面的分析，如图12-1所示。

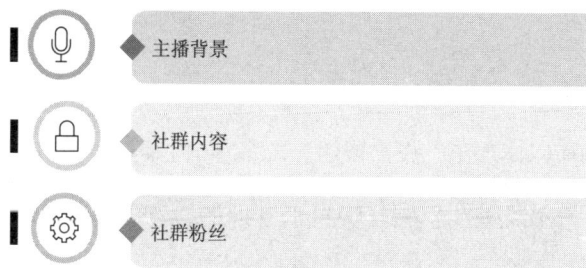

图12-1　社群定位的主要方面

1. 主播背景

主播背景主要包括如下内容：主播本人的基本资料、主播对于所销售的商品的相关行业有无职业背景、主播的个人经历等。完成这一项分析之后，主播可以清楚地了解自己的优势在哪里、自己所能吸引到的粉丝类型等。

2. 社群内容

内容是社群的核心，同时在打造社群的内容时，主播要根据推销的商品来确定社群的内容。例如，销售美妆产品的主播除了在社群中发布直播信息、商品信息和商品优惠，还可以在社群中分享一些化妆、护肤的知识等。

主播还可以通过和同类社群的对比来完善自己社群内容的风格，例如主播在分享美妆常识时，可以通过漫画的形式来诙谐地展现一些美妆误区，吸引更多的粉丝阅读主播所分享的内容。

3. 社群粉丝

主播在分析社群粉丝的时候，应该从如下几个方面入手：商品的目标粉丝、粉丝规模、粉丝结构等。

（1）目标粉丝

主播所销售的商品决定了社群的目标粉丝，所有对商品有需求的粉丝都是社群的目标粉丝。

（2）粉丝规模

粉丝规模可以体现出一个社群热度的多寡。主播在进行这方面分析时可以借助大数据分析出商品的需求量，从而对社群的粉丝规模进行预估。

（3）粉丝结构

主播要分析社群中有哪些类型的粉丝，准确分析粉丝的结构类型对主播维护和扩展社群规模都能起到重要作用。例如同样是销售美妆类商品的几位主播，其粉丝结构的不同就决定了主播平日直播时所侧重的重点不同。

一位主播的美妆社群中的粉丝主要是大学生,这个年龄段的女生不需要过多的化妆品修饰,因此这位主播平日在直播中销售的商品以及在社群中推广的内容以淡妆和护肤品为主。

另一位主播的美妆社群中的粉丝主要是公司白领。出于对形象问题的考虑,白领一般会在工作前化好全套妆容,而且白领的消费能力也相对较高。因此,这位主播平日在直播中销售的商品以较为高端的美妆品牌商品为主,社群中推送的内容也多是教授粉丝在不同场合下化合适风格的妆容等。

主播通过对自身背景、社群内容和社群粉丝的分析,可以得出社群定位的方向,同时主播也可以在分析的过程中提炼关键点,以这些关键点打造社群的差异性,实现社群更精准的定位。

12.1.2 打造标签:精准的标签更具吸引力

在日常生活中,人们在与陌生人交流时总会不自觉地给陌生人打上标签,如可爱、健谈、高冷等。标签化能够加速人与人之间的认识,还能够使人们更快获得存在感以及认同感。

对主播建立社群来说,标签是非常重要的,它可以决定社群的目标粉丝是哪些群体。例如,主播为自己的社群打造了"职场穿搭"的标签,那么还未进入职场的人一定不会加入该社群。所以,主播在打造社群标签前一定要经过深思熟虑。

对刚刚进入直播行业的新手主播来说,可能在建立社群时往往无法将社群标签打造得精准而全面。想要打造一个合适的社群标签,主播可以从如下几个方面入手,如图12-2所示。

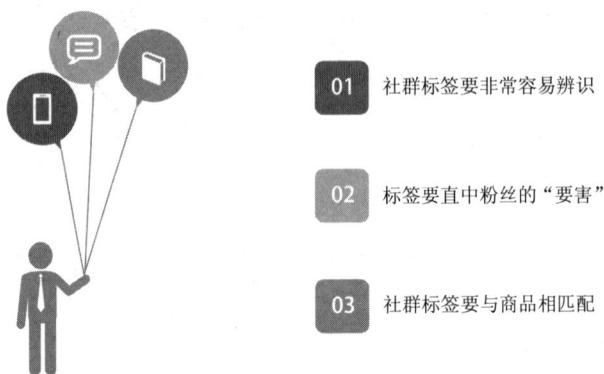

01	社群标签要非常容易辨识
02	标签要直中粉丝的"要害"
03	社群标签要与商品相匹配

图12-2　如何打造社群标签

1. 社群标签要非常容易辨识

这里所说的容易辨识，是指不要让人们产生歧义、造成误判。对一个社群标签来说，最重要的就是不要使用一些非常偏的词汇，而是要使用那些基础词汇，因为这样的词汇大家都懂，基本上不会出现理解差异的现象。以"高端"这个词为例，这个词就非常模糊，很容易造成他人的误解。什么是"高端"？哪些人才算得上"高端"？根本没有一个非常明确的衡量标准。

主播在打造社群标签时，相比"高端"这个标签，不如使用"贵妇""女王"这一类的标签，让粉丝明白该主播所销售的商品的目标粉丝群具体是什么定位并能够对号入座。

清晰的标签往往代表一类人的身份认同，因此主播在打造标签时一定要了解目标粉丝群体对自己的身份定位。同时，如果想让更多具有相同标签的个体进入社群中，那么主播就要把社群标签描述得更加清晰。打造社群标签不仅是宣传和推广社群的必要手段，还是提高粉丝黏性的必要手段。

2. 标签要直中粉丝的"要害"

标签是要有吸引力的，可以吸引更多的粉丝进入社群，而比较具有吸引力的一定是简明扼要、直中粉丝"要害"的社群标签。

要想判断一个标签是不是成功的，就要看这个标签是不是可以激发潜在粉丝的归属感。如果标签能够激发潜在粉丝的归属感，就说明这个标签是成功的；如果标签不能够激发潜在粉丝的归属感，就需要对标签做一些调整。

具有感染力的标签通常比较私密，而且带有一定痛苦性的标签。例如，主播可以用"微胖身材""梨形身材"等标签来吸引有相同困扰的粉丝。这种标签一旦引起潜在粉丝的共鸣，她们就会毫不犹豫地加入。此外，这种标签所体现出来的目的性、任务感也是非常强的，所以通常会带来非常不错的效果。

3. 社群标签要与商品相匹配

主播吸引粉丝加入社群的动机之一，就是标签所体现出来的价值。如果这个价值与粉丝的需求相符合，他们就会愿意加入社群。

例如，主播社群的标签是"汉服女装"，那些想要购买汉服的女性粉丝就会想要加入进去。在这种标签的基础上，主播对社群的运营就有了方向，即必须要围绕着"汉服女装"这一标签来展开。

社群的日常运营工作都是以社群标签为中心的。例如，商品宣传、社群推广、线上线下的活动等。此外，主播在组织社群活动的时候，现场布局、装修风格、活动形式等活动细节，也应该与社群标签相符合。

社群的标签对社群的发展有着非常重要的作用，它可以影响社群的目标群体、运营、活动细节等各个方面。因此，主播在建立社群时一定要为社群打造一个专属标签。

12.2 促销活动：让社群具备持久生命力

主播建立起社群后，还需要开展多种活动来运营社群，各种社群活动不仅能够促进粉丝的活跃性，还会不断地为社群吸引来新的粉丝，这些都有利于社群的长久发展，主播也能因此提高直播的销售额。主播需要时刻调动粉丝的热情和参与积极性，通过各种方式来保证粉丝的活跃性，这样主播才能够将社群更好地经营下去。

12.2.1 物质刺激：百试百灵的激活方法

主播定期或不定期为粉丝发放福利是一个活跃社群的好方法。一般来讲，这里所说的福利可以包括两种形式：礼品和红包。

很多主播都会在节日给粉丝送一些福利，这能够有效地提高社群活跃度。同时，为了让社群活跃度能够持续下去，主播还要把握住关于社群的某些特殊日子。例如，新商品上架时主播可以随机抽取几位粉丝赠送商品给他们试用，购物节前夕主播也可以在社群中多发放一些优惠券。主播这样做一方面可以提高社群的活跃度，另一方面能增强粉丝的黏性。

与发放各种礼品或优惠券相比，发放红包显得更加简单、直接。主播发放红包提升社群活跃度的效果也更加显著。同时，在社群中发放红包时，主播要掌握一些小技巧。

在店铺周年庆期间，某主播店铺的销售额远超去年同期的销售额，为了回馈粉丝，主播在社群中发放了数万元的红包。这一举动吸引了所有粉丝纷纷前来抢红包，社群立刻活跃起来了。同时，主播发放大红包的这一举动也进一步带动了主播店铺的销量。

主播无论是发放礼品福利还是红包福利，都应集中火力，这样才能获得最好的结果。以案例中的主播为例，假如她把几万元的红包分成好多个小红包来分别发放，也许就达不到如此显著的效果。

主播在发放福利时，除了注重福利的价值，还要注重福利的发送时间，以发放红包为例，一些主播会选择在白天发放红包，但白天是粉丝很忙碌的时间段，主播在这个时间段发放红包难以达到激活粉丝的效果。主播发放福利最合适的时间段一般为晚上6点到10点，这时，粉丝结束了工作或学习，才有闲暇的时间来关注社群信息。

主播发放福利最重要的目的是提升社群活跃度。为了更好地达到这一目的，主播应该多找机会为粉丝发福利。例如，在一些核心粉丝过生日的时候，主播可以在社群里发红包表示祝贺。

主播在给粉丝发福利的时候，应该要有所侧重，不同的粉丝对社群做出的贡献是不一样的，如果主播给予全部粉丝同样的福利，那么对活跃度高的粉丝而言就是不公平的，这些活跃粉丝是提升社群活跃度和为主播贡献销售额的主力军，主播应考虑这些粉丝的感受。

主播应该为社群里的活跃粉丝准备一些特殊的福利。例如，某主播就会定期给社群中积极下单并交流的活跃粉丝发放一些特殊的礼品，包含店铺中的爆款商品、限定商品等。久而久之，这些粉丝都感受到了主播的诚意，纷纷在自己的微博、朋友圈中为这位主播打广告、做推广，令这位主播的社群增加了不少新粉丝。

主播为粉丝发放福利，最重要的就是要让他们感受到主播的诚意和关心，这样一来，粉丝就会越来越喜欢主播的社群，也会更加关注主播的直播间和商品。

12.2.2　推出全员参与的社群专题

在社群的运营过程中，提高粉丝的参与感是非常重要的。参与感直接影响社群的活跃程度，对社群的发展具有重要影响。主播如何才能增加粉丝的参与感，从而让他们对社群产生归属感，加强他们对社群和主播的黏性？最常用并且效果较好的方法是推出社群专题，让粉丝参与其中进行互动。

在设置社群专题时，主播需要注意以下几个方面，如图12-3所示。

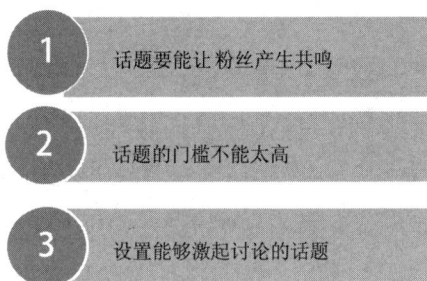

图12-3　设置社群专题的要点

1. 话题要能让粉丝产生共鸣

一个好的话题要保证能让粉丝产生一定的共鸣，这样他们才会有表达的意愿。例如，主播可以在社群中推出"最适合黄皮肤的口红颜色""学化妆时你踩过的坑"等话题，这类话题可以让粉丝产生共鸣，也会激发其倾诉欲望。

在倾诉、交流的过程中，粉丝慢慢就会发现原来大家都是差不多的，于是越来越惺惺相惜，讨论的动力也会越来越大。这样一来，不仅会使社群活跃度得以提升，同时在粉丝的讨论中也可能会产生新的话题，引起下一轮的讨论高潮。

另外，要想选好能让粉丝产共鸣的话题，分析社群的粉丝群体也是一项必不可少的工作。如果社群粉丝多为在校大学生，那么主播应选择"校园""学习""恋爱""毕业季"等方面的话题；如果社群粉丝多为职场白领，那么主播应该选择"职场妆容""职场穿搭"等方面的话题。

2. 话题的门槛不能太高

在设置社群话题时，主播要注意话题的门槛不能太高。过于高深、专业的话题往往会让粉丝望而却步，而门槛较低的话题能够让更多的粉丝参与话题的讨论。

3. 设置能够激起讨论的话题

在设置社群的话题时，为了激发粉丝参与话题展开讨论，主播要设置一些有讨论点、可以激起粉丝讨论的话题。例如，"冬天到了，你穿衣要风度还是要温度？""欧式古典和中式古典你更爱哪一个？"这样的话题在吸引粉丝讨论的同时，不同立场的粉丝在讨论的过程中也会产生"论战"，从而不断激发出讨论的高潮。

总之，推出社群专题是促使粉丝活跃、提升社群活跃度的有效方法。参与话题的粉丝越多，越能提高社群的活跃度。因此，在设置社群话题时，主播要掌握好上述3种技巧，让更多的粉丝参与话题讨论。

12.2.3　话题多变：一个话题只谈一次

社群还有一个显著的特点，即社交性。正是由于社群的社交属性，主播才能够通过社群维护粉丝，用社群带动直播销售的销量。事实上，社群的活跃程度主要体现在粉丝的谈论热度上。换句话说，社群是一个将有同样目的的粉丝聚集起来的平台，而粉丝在这个平台中的主要活动方式就是讨论、交流。

如果长期让粉丝讨论同一个话题，那么这个话题很快就会让粉丝失去兴趣，这也意味着社群失去了活跃性，这样一来，社群自然难以得到持续性发展。因此，为了让粉丝对社群保持长期兴趣，主播有必要经常更换社群讨论的话题。主播可以一周更换一次讨论话题，且保证每个话题之间不重复。

同时，主播还要保证话题的内容与商品或直播销售的内容紧密相连。只有在这种情况下，主播努力保持社群活跃性才有意义。那么，主播该如何挑选社群讨论的话题呢？主播可以从4个方面出发，挑选适合社群的话题，如图12-4所示。

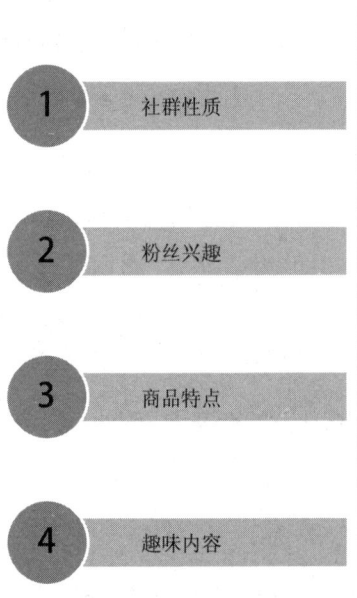

图12-4　为社群讨论挑选话题的4个切入点

1. 社群性质

从社群性质出发选择话题，能够让粉丝在潜移默化中改变自己的观念，从而更容易接受主播推销的商品。例如，一位主播销售的商品为育儿商品，其社群提供的内容也都是与育儿知识相关的。在主播推出一款辅食商品之前，会先发文告诉粉丝该什么时候为婴儿添加辅食，该如何选择辅食，喂食婴儿辅食的好处，等等。这样一来，粉丝就会对婴儿辅食予以重视。因此，当主播在直播销售中销售婴儿辅食时，就会吸引更多粉丝购买。

2. 粉丝兴趣

社群形成的基础就是粉丝的兴趣。因此，主播在挑选社群话题的时候，需要考虑粉丝的兴趣。粉丝对话题感兴趣，自然会积极参与讨论。

要想保证所挑选的话题符合成员的兴趣，主播就要先对粉丝进行分析，包括粉丝的年龄层次、学历层次、所处的地域以及所从事的行业等方面。在社群粉丝较多的情况下，主播不可能保证所挑选的话题符合每一位粉丝的兴趣，但至少要确保话题符合绝大多数粉丝的兴趣。

3. 商品特点

主播之所以要建立社群，就是要实现商品销售的目的。因此，主播在选择社群话题时，要注意与商品相结合。主播可以挑选有价值的商品，并为之创作有意义的话题让粉丝讨论。这能让粉丝更多地了解商品，吸引粉丝购买商品。

4. 趣味内容

趣味性浓厚的话题能够吸引更多粉丝的关注，同时，趣味性的话题也能调节社群的气氛。但是，这种类型的话题不适合经常使用。过多地设置趣味性的话题会分散粉丝的注意力，不利于主播的商品销售。

另外，主播要有选择性地使用趣味性内容话题。低级趣味的内容是主播需要坚决抵制的内容。主播可以在社群中发布趣味测试题、趣味笑话等内容。前者可以调动粉丝的积极性，让粉丝参与其中进行讨论，后者可以让粉丝享受精神上的放松。符合大多数粉丝的审美趣味，顺应时代潮流，且兼具趣味性的话题，是主播选择的最优话题。

提高社群活跃度的方式多种多样。即使变换社群话题，主播也可以从多个角度出发进行思考。在保证不脱离社群内容的基础上，尽可能创新话题内容。

12.2.4　组织线下活动，面对面交流

主播可以举办一些关于直播的线下活动，把粉丝聚集在一起，加深主播和粉丝、粉丝和粉丝之间的情感交流，面对面地了解粉丝的想法。这样有利于主播维护粉丝，优化直播内容，同时可以拉近主播与粉丝的关系。

主播在组织线下活动时，也需要讲究方法和技巧。

首先，主播要充分调动铁杆粉丝的积极性。任何社群中都会存在铁粉，铁粉虽然在数量上较少，但是他们能够为主播创造更多的效益。这种效益不仅是物质效益，还有活跃效益。

铁杆粉丝具有超强的活跃性和带动效果。在组织线下活动时，主播要优先调动这类粉丝的积极性。这样才能够把社群里面的粉丝凝聚起来。在调动铁杆粉丝积极性方面，主播可以给予其一定的奖励，如在其购物时为其提供更多的优惠等。

其次，活动要能够激发粉丝间的互动。社群粉丝之间的关系本来就属于弱关系和弱链接。粉丝间也只是知道网名以及其一些兴趣爱好等，对于彼此的真实姓名、样貌以及现实生活中的习性等完全不知晓。因此，为了让粉丝之间进行良好的互动，主播需要根据粉丝的兴趣爱好设计一些小活动、小游戏等，使粉丝尽快熟悉起来。

最后，线下活动要为粉丝创造价值。在举办线下活动时，主播要关心粉丝，主动倾听粉丝的心声，挖掘粉丝的痛点与需求点，为他们创造价值。主播要采

取相应的优惠措施，让粉丝得到实际的物质奖励或者各项购物优惠。这样粉丝的活跃值才会高，才会为主播做宣传。

12.3　矩阵：让社群实现从1到N的裂变

主播在打造出一个成熟的社群后，如果想要让社群为销售直播创造更大的效益，就需要继续扩大社群的规模，让社群实现从1到N的裂变。在实现社群的裂变方面，主播需要做好社群裂变的准备，掌握社群裂变的方法。

12.3.1　如何确定社群已经成熟

判断社群是否已经适合扩大规模、进行裂变的一个指标就是构成社群的五大要素是否都已经成熟。要想做好这一项工作，主播首先要了解构成社群的五个要素是什么。答案如图12-5所示。

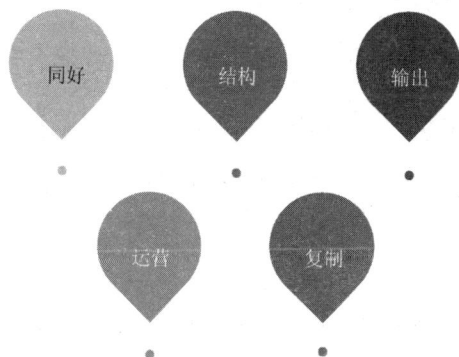

图12-5　构成社群的五个要素

1. 同好

构成社群的第一个要素就是同好，这里所说的同好就是指人们对某种事物的共同认可或者行为。例如，主播所建立的社群中一定都是对主播所销售的商品有兴趣的粉丝，如果主播销售的是文化类商品，那么这些粉丝一定也有着相似的趣味爱好，这些粉丝也会因此形成同好。

无论是在何种基础上形成的同好，只要这一同好已经足够稳定，就说明社群在同好这一方面已经达到了可以扩大社群规模的标准。

2. 结构

结构是构成社群的第二个要素，其在很大程度上决定了社群的存活。结构由如下4部分组成：社群成员、交流平台、加入原则、管理规范。如果主播没有对这4部分进行合理规划，就会影响社群的发展。也就是说，一个社群必须要有一个可以引导社群价值观的领袖，这个领袖可以吸引一大批粉丝加入，而随着粉丝数量的不断增多，社群的入群门槛和社群规则也应该逐渐完善，否则就不能保证社群粉丝的质量和社群的正常运营。

由此看来，主播想要建立起成熟的社群结构，就得先培养起一些能够带领其他粉丝积极下单和发言的领袖粉丝。同时也要建立起完善的入群门槛和社群规则。主播做好了这几方面，也就意味着社群结构已经足够成熟。

3. 输出

输出是构成社群的第三要素，在很大程度上决定了社群的质量。这里所说的输出就是指社群可以为粉丝提供的价值。例如，主播可以在社群发放商品的优惠券、分享关于商品的干货知识等。

同时，主播个人的输出是十分有限的，在社群中不乏商品的铁杆粉丝，他们对于商品也有很深入的了解，同时也愿意分享自己的小技巧或使用体验，这些粉丝是社群内容输出的主力军。主播要调动其在社群中输出的积极性，社群有了优质且持续的内容输出，才能够走向成熟。

4. 运营

运营这一构成要素在很大程度上决定了社群的寿命，成熟的运营模式是社群裂变的关键因素。主播可以从粉丝的活跃度、凝聚力、粉丝黏性等方面来分析社群的运营模式是否成熟。

5. 复制

可复制是实现社群裂变的前提。主播要分析社群的管理规则、运营模式、内容输出等方面来判断社群是否能够实现复制。

一般情况下，社群规模越大，效益就会越好，这也是大多数主播想要扩大社群规模的主要原因。不过，并不是所有的社群都适合扩大规模，如果主播为了获得更多盈利而盲目地扩大社群规模，不仅起不到好的作用，还会影响社群的正常发展。

所以，在扩大社群规模以前，主播一定要判断好构成社群的五个要素是不是都已经成熟。只有成熟的社群才可实现裂变，才能让社群产生更好的效益并获得长远发展。

12.3.2 KOL是裂变的关键

在建设从1到N的社群矩阵时，最重要也是最关键的一步就是挖掘KOL，所谓的KOL其实就是社群的核心粉丝。核心粉丝的意见具有影响力和感染力，他们不仅可以引领其他社群粉丝，更代表了整个社群的利益诉求。一个合格的

KOL，可以对一百个甚至一千个、一万个普通粉丝产生非常深刻的影响。所以，主播应该把挖掘并培养出KOL当成一项重点工作。

了解KOL的重要性并不代表主播就可以把KOL运营好。对大多数新手主播来说，他们很难分析清楚哪些粉丝是KOL。因此，主播运营KOL的第一步就是了解哪些粉丝在社群里扮演着最为关键的角色，这些粉丝是否可以成为社群里的KOL。

想要挑选出社群里的核心粉丝，主播可以从如下几个方面入手：

（1）活跃度和活动参与度；

（2）下单情况；

（3）直播后或收货后反馈情况。

主播要选择那些活跃度高，每次活动都积极参加，并且积极在主播的直播间内下单，也经常会写长篇商品试用反馈的粉丝。因为这样的粉丝通常会被其他粉丝熟知，也会被其他粉丝信任并依赖。

另外，在挖掘和培养KOL的过程中，主播一定要考虑好KOL数量。通常情况下，在一个200人左右的社群中，应该有5~10位KOL，这是一个比较合适的数量。如果主播把这几位KOL培养好，那么不仅能为社群吸引来更多的粉丝，也会在一定程度上增加社群的内容输出。

一些主播并不知道应该如何让KOL参与社群运营的工作，在这方面，主播可以组织话题，让KOL有机会展现自己的技能、发表自己的看法；可以为KOL制定一些有价值、有影响力的输出内容；可以将KOL的讨论进行重点推送，对其提出的活动进行重点支持和推广，将其发表的内容置顶等。

12.3.3 永远保持超预期口碑

在建立社群的初期阶段，社群里的粉丝相对较少，社群的运营也相对简单，而随着社群的发展，社群里的粉丝逐渐增多，这时社群的运营就可能会出现问题，这些问题就会导致粉丝对社群的不满。

在这种情况下，如果主播不能对社群进行优化和升级，导致社群口碑满足不了粉丝的需求，那么很难让粉丝死心塌地地留在社群里，这自然也会影响社群的矩阵式发展。所以，主播要想顺利地进行社群矩阵建设、打造营销闭环，就要让社群永远保持超预期的口碑，尤其是在粉丝提出反馈意见的时候，主播必须要对此提起足够的重视。

主播要想提高和保持社群的口碑，可以从3个方面着手，如图12-6所示。

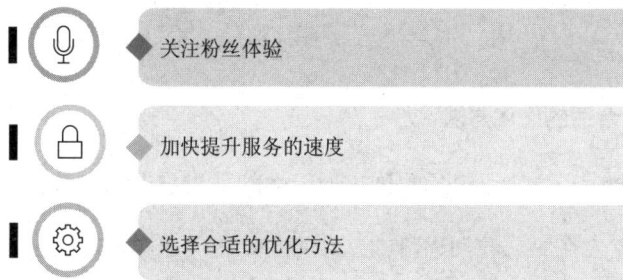

关注粉丝体验

加快提升服务的速度

选择合适的优化方法

图12-6 提高和保持社群口碑的3个方法

1. 关注粉丝体验

主播是社群的运营者，其对于社群的认知可能并不全面，也难以及时发现社群中存在的问题，而询问粉丝的意见则能够更全面地了解社群运营中存在的问题。因为粉丝是社群中最广泛的主体，也是主播进行社群运营的直接受众，他们能够更深刻地发现社群有哪些不足。

主播需要通过多种渠道来获取粉丝的反馈意见，然后从这些反馈意见中发现社群运营的问题和不足，最后对社群服务进行优化升级。社群服务获得了粉丝的认可，社群的口碑自然而然就会有所提升。

2. 加快提升服务的速度

这一点就比较好理解。例如，某位粉丝对社群服务提出了一些问题，但主播并没有放在心上，而是拖了好几个月才去解决，主播的这种做法很容易引起粉丝的不满。粉丝对主播不满意，自然也不会为主播的社群做宣传，在这种情况下，社群口碑怎么会永远保持下去？

在提升和保持社群口碑的过程中，一部分主播总是小心翼翼，怕出现失误，因此他们的行动也会很慢。做任何事都不可能尽善尽美，只要没有出现太大的差错，就要保证对粉丝进行反馈的速度，这样才能最大限度地让粉丝满意，从而促进他们为社群做宣传，最终达到提升并保持社群口碑的效果。

3. 选择合适的优化方法

一些主播在运营社群的过程中，把粉丝的意见看得特别重要，只要有粉丝反馈问题，就会在第一时间进行改正和调整。其实这样的做法是不正确的，这种做法除了会让试错成本大大提高，还很有可能会导致越改越错。

在这种情况下，主播就要先对社群问题及解决方案进行分析，选出一个最合适也最可靠的方法去优化社群服务，这样不仅可以降低试错成本，也会让粉丝对社群产生更强的黏性，从而带动社群口碑的传播。

上述三点有一个共性，就是一切都要从粉丝的角度出发。因此，主播要想让社群可以永远保持高口碑，就要为粉丝提供更加贴心的服务，输出更有价值的内容。

12.3.4　淘宝主播：通过社群年入80万元

一个卖花茶的淘宝主播，通过社群运营创造出年盈利80万元的亮眼成绩，想必读者都会对此感到震惊和好奇，震惊的是一款花茶竟然能为主播带来如此丰厚的盈利，好奇的是这位主播究竟是如何做到的。

这位淘宝主播是如何实现这样高的盈利的？答案是因为主播做好了3个阶段的工作，如图12-7所示。

图12-7　花茶店铺的3个发展阶段

1. 商品阶段

选择物美价廉的商品是经营一家淘宝店铺的首要步骤，该主播从某批发网站中找到了一个价格划算、质量也不错的花茶厂家，虽然主播在店铺中设置的价格处于同类商品中的中间水平，但是其进价却相对较低，因此在花茶销售的过程中，在数量相等的情况下，主播能够获得更多的盈利。

2. 营销阶段

要想让花茶更好地销售出去，就少不了营销手段的助力。主播选择通过社群运营的方式来进行商品营销，这一阶段的工作有很多，具体包括如下几项。

1）市场工作（社群建立）

（1）准备与花茶功效有关的内容。

（2）到贴吧、论坛、微博等平台寻找目标粉丝。

（3）在渠道内推送内容，以便达到引流的目的。

（4）对淘宝这一销售渠道进行巩固。

（5）将花茶免费送给目标粉丝，并附带社群信息。

（6）设置转化路径。

2）运营工作（社群裂变）

（1）老粉丝介绍新粉丝进入社群就可以免费获得花茶。

（2）制定一套完备的社群运营规则。

（3）定期举办花茶免费领取活动。

（4）准备社群内容，确定主要讨论话题。

（5）启动公众号。

3）转化工作（社群维持）

（1）确定免费领取花茶的前提条件，具体为：免费花茶的运费由粉丝承担，且每个粉丝只能免费领取一次。

（2）设置微信公众号的关键词回复，具体为：回复1——了解花茶的品质；回复2——了解免费领取花茶的方式；回复3——免费领取花茶，填写具体的收货地址。

3. 迭代阶段

所谓的迭代阶段，就是根据粉丝反馈，对花茶进行更新迭代，此举可以使花茶受到更多粉丝的喜爱。

（1）做好现有粉丝的维持工作，不断提高服务质量。

（2）维持社群的活跃度，定期举办社群活动。

通过主播对社群的运营，社群吸引到的粉丝越来越多，同时观看主播直播销售的粉丝也越来越多，很多粉丝在购买了主播店铺的花茶后，纷纷表示物有所值并进行回购，主播也因此获得了更多忠实粉丝。而这些粉丝的支持，就是粉丝运营社群的最大成效，也是主播年入80万元的根本原因。

第 13 章

品牌定位：塑造个人品牌影响力

当前直播销售的市场日趋火热，越来越多的商家开始做起了直播销售，那么主播怎样才能够更好地吸引及留存粉丝，怎样才能实现商品销售额的持续增长？这就需要主播打造好自己的个人品牌。个人品牌能够帮助主播发挥自己独有的魅力，提升主播影响力，提升粉丝的忠诚度，这对于商品销售额的提升都是十分有好处的。

在塑造自己的个人品牌时，主播要找到合适自己的路线，展示自己与众不同的亮点，形成自己的直播特色，使自己的形象更加深入人心。同时，在打造个人品牌时，主播依托的核心依旧是商品，因此，主播要把握好商品的质量，并不断学习与商品有关的专业知识。此外，在形成自己的个人品牌后，主播还要进行有效的宣传推广，扩大个人品牌的影响力。

13.1　打造专属人设

要想塑造自己的个人品牌，主播首先要打造自己的亮点，即打造好自己的专属人设。在打造自己的专属人设时，主播需要掌握打造人设的原则，为自己打造深入人心的标签，形成自己的直播特色。

13.1.1　打造人设的原则

在建立个人品牌之前，主播首先要确定好自己的人设。人设是多种多样的，"活泼可爱""具有亲和力""口才好"等都可以是主播的人设，那么主播应如何打造出最适合自己的人设呢？在打造自身专属人设时，主播需要把握几个原则，如图13-1所示。

① 寻找自身辨识度

② 大胆挖掘 重复深化

③ 从自身出发

④ 少等于多

⑤ 长期坚持

⑥ 了解粉丝需求

图13-1　打造人设的原则

1. 寻找自身辨识度

在打造自身人设时，主播首先要对自己有一个清楚的定位：我是谁？我的工作是什么？我凭什么让别人喜欢？在思考这些问题时，主播要挖掘自己身上有辨识度的一个或几个方面。纵观各大主播，好看的皮囊不是必须要有的，但有趣的灵魂是不可或缺的。

对主播而言，其人设很大程度上取决于其在直播过程中所展现出来的性格特征。这决定了主播能否感染粉丝，能否引发和粉丝之间的互动，也决定了主播能否获得更多粉丝的喜爱。

2. 大胆挖掘，重复深化

人设不是凭空想象出来的，主播应从自身出发，根据自身的特点做选择。外表、性格、特长等都可以成为主播的特点，成为主播打造人设的出发点。

主播需要投入大量的时间来挖掘自身的特点，针对自己的每一个特点都要进行大胆的尝试，最终选择出最让人印象深刻的特点。当主播确定这个特点后，还需要不断深化，通过重复展示为粉丝形成记忆点，让其深刻地了解自己的这个标签。

3. 从自身出发

主播在打造人设时必须遵循的一点就是要从自身出发，即不说谎、不伪造。任何人身上都有闪光点，而主播要做的就是将自身的闪光点不断强化，让更多的粉丝看到自己的闪光点。主播越真诚，越能赢得粉丝的信赖。

4. 少等于多

主播自身可能有很多特点或特长，但如果主播将多个特点作为打造人设的亮点，反而难以吸引粉丝的目光。主播只有全力展现自己最突出的一点，才能更好地在粉丝心中留下深刻的印象。主播最需要关注的是自己最突出的那一个特点，这个特点能够决定主播的人设和直播风格，能够让其吸引到更多的粉丝。

5. 长期坚持

主播一旦确立了人设，就不能随意更改，长久地输出同一个人设才能够在粉丝心中留下深刻的印象。为了长期坚持人设，主播在进行每一次直播内容的规划时，都要考虑直播内容是否与人设相符。持续产出与主播人设一致的直播内容可以一步步强化粉丝对主播的印象，使主播与粉丝之间的关系更加牢固。

当然，长期坚持并不是要求主播的每一次直播都必须完全符合人设。主播适时推出一些节日问候、客串联动等能够增加直播的新意，也能拉近自己与粉丝之间的距离。

6. 了解粉丝需求

在结合自身特点确立人设的同时，主播还要充分考虑粉丝的需求。如果主播选择的人设与粉丝的偏好相偏离，那么主播就不应打造这样的人设。如果主播无法选定自己最突出的人设，那么可以根据粉丝的需求确定人设。

刘静是一个上班族，上班之余她在淘宝开设了一个童装店并兼职做起了直播销售，同时在直播的过程中她也会让自己5岁的孩子做童装的展示模特。在刘静为自己打造人设时，"职场女强人"和"卖童装的妈妈"都可以是她的人设，但是其粉丝多为孩子的家长，这时"卖童装的妈妈"这一人设就会更加贴近粉丝群体，能够拉近刘静与粉丝之间的距离。

13.1.2 人设即标签：为自己贴上深入人心的标签

粉丝进入直播间的目的是购买商品，他们不会花太多时间研究主播是什么样的人，所以要想让粉丝快速熟悉主播，最好的方式就是给自己贴上标签。标签是熟悉一个人最快捷的方式，人设就是标签的组合。主播需要寻找一些自身具备的、利于传播的标签。

标签不是主播直接告诉粉丝的，而是通过直播内容呈现出来的。标签要在主播几乎所有直播视频中都能得到体现，粉丝才能够加深对主播的印象。假如主播不能在直播中塑造出一个区别于他人的形象，那么粉丝就找不到主播的特点，更不会对主播有深刻的印象。

在当今信息爆炸的时代，过硬的商品和主播自身的专业知识都难以为主播带来更多的流量。给自己贴上深入人心的标签，主播才能够获得更多粉丝的关注。有了明显特征的人设加持，主播才能够将自己的直播特色发挥到最大化，也能够抓住更多粉丝的目光，有利于主播在粉丝心中形象的建立。

在为自己贴标签时，主播一定要把握标签差异化的原则。贴标签就是为了让主播能够脱颖而出，如果已有其他人使用了这一标签，那么主播在打造这一标签时则可能会需要耗费很大的心力。因为主播需要分析自身与其他主播的差异，寻找自身的差异性，并以差异性为出发点确定自己的人设。

服装设计专业毕业的梁小秋在毕业之后和几名同学一起建立了一个服装工作室，并开设了淘宝店，店里卖的都是工作室设计出来的服装。在直播销售兴起之后，梁小秋也顺势做起了直播销售，但是一段时间之后，梁小秋发现自己进行直播销售的效果并不显著，原因就在于进行直播销售的直播间太多了，梁小秋难以在激烈的竞争中吸引到更多的粉丝。

经过一番思考后，梁小秋决定通过贴标签的方式来为自己打造人设。服装原创是店铺的亮点，但梁小秋觉得这个亮点不够接地气，难以吸引大量粉丝。在其苦思冥想之际，旁边小猫的叫声让他有了主意。

梁小秋再一次开播了，这次梁小秋的直播销售吸引了大量粉丝的目光，在两个小时的直播中，梁小秋直播间的销售额比往日增加了两倍多，而这一切的关键就在于梁小秋设计了直播间的标题——"卖衣服养主子的铲屎官"。"主子"是当下青年对宠物的调侃，而"铲屎官"则是对自己的调侃。梁小秋的这种调侃不仅具有趣味性，同时还为自己设立了标签。

由于梁小秋服装店衣服的受众是青年，而当下养宠物、成为"铲屎官"的青年也越来越多，梁小秋为自己设立的标签很容易吸引这些青年的目光。同时，在设立了这个标签后，梁小秋的直播间里总会出现小猫乖巧的身影。小猫乖巧可爱的形象又为直播间吸引了一波人气。

梁小秋的案例表明，即使越来越多的主播都开始打造自身人设，但差异化永远是制胜的法宝。主播需要做的就是打造适合自己的人设，并通过贴标签的方式来强化人设。人设与标签搭配在一起，能够让主播在粉丝心中留下深刻印象，并慢慢形成主播独特的风格。

13.1.3　打造自身直播特色："所有女生"的魔力

市场竞争的根本就是粉丝资源的竞争，为了吸引更多粉丝的关注，主播要通过人设打造自身直播的特色。那么主播可以从哪些方面来打造直播间的特色呢？主播的语言、动作、专业技能等都可以成为直播间的特色。

在语言方面，主播可以设计适合自己的口头禅，并让这个口头禅成为自己的标签；在动作方面，在展示商品时，夸张的表情和动作更能吸引粉丝目光；在专业技能方面，主播可以通过跟随热点进行不同的仿妆等来打造直播间特色。

在2019年"双十一"的预热场上，金句频出的"口红一哥"李佳琦又以"所有女生"这一口头禅调动了直播间所有女生的购物热情。"所有女生，所有女生，听我的，一定要买下它，3、2、1，好了，没了。"李佳琦的喊话仿佛有魔力，会让粉丝忍不住随着他的号召下单。四十余件商品，数十万元的库存，每件商品在放上链接仅一分钟左右后，就会销售一空。而经过这次直播，"所有女生"继"Oh, my god!"之后，也成为李佳琦独具特色的语言标签。

李佳琦是如何打造自身个性化标签、如何打造直播特色的？主要表现在以下几个方面，如图13-2所示。

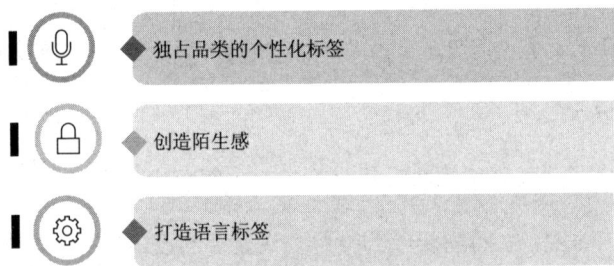

图13-2　李佳琦个性化标签表现

1. 独占品类的个性化标签

李佳琦独占品类的个性化标签，他也因此个性化的标签成就了其自身的个人品牌。作为口红领域的美妆达人，李佳琦每天都会直播试用近百支口红，曾创下5分钟售完15 000支口红的辉煌战绩，被称为"口红一哥"。

2. 创造陌生感

美妆达人的直播视频有很多，而李佳琦的成功之处就在于他创造的陌生感，即差异性。

比起闺蜜、姐妹，男闺蜜更得女生的欢心，这就是因为差异性。同样，女生说和男生说效果不一样，女生会觉得男生更可爱，而李佳琦男性的身份就为他带来了差异性。李佳琦的差异性还在于他讲话的语速很快，在视频里表现得咋咋呼呼的，但是他皮肤白皙，唇形也很好看，涂什么口红都显得很好看。这些差异性都使得李佳琦的个性化标签更具吸引力。

3. 打造语言标签

李佳琦在口红试色的过程中，对于好的产品，他一定会惊呼"Oh，my god!"，然后让粉丝"买它!"这样的语言极具感染力。而现在李佳琦又多了一个独具特色的语言标签"所有女生"，语言标签也是其个性化标签的内容之一。

对主播而言，打造个人标签、打造直播间特色可以从多方面入手，语言、动作、专业技能等都可以形成直播的特色。在打造直播间特色的同时，主播最需要关注的就是打造直播间的差异性，只有这样，自己的专属人设才会更加深入人心。

13.2　个人品牌的核心：内容为王

在打造个人品牌时，除了挖掘出符合自己的人设，主播还要做好直播销售的内容，直播销售本身是主播塑造个人品牌的核心。那么，主播如何通过做好直播销售的内容来塑造自己的个人品牌呢?

首先，商品是主播进行直播销售的主体，主播必须要保证商品的质量，商品的质量是个人品牌建立的基础。其次，为了打造高质量的直播销售内容，主播也要不断地完善自己的专业性，用自身的专业性吸引更多粉丝的关注。同时，在打造自身专业性的时候，主播也要做到专业性的持续输出，只有这样，主播才能够不断强化自身个人品牌。

13.2.1　商品的质量：个人品牌建立的基础

商品是主播进行直播销售的主体，同时也是主播建立个人品牌的基础，因此，主播要格外重视自己所推销商品的质量。主播推销的商品质量好，不仅能够为主播打造质量有保证的标签，同时还会进一步巩固自己的个人品牌。如果主播推销的商品出现了问题，那么主播的个人品牌自然也无从建立，即使主播建立了自己的个人品牌，如果其所销售的商出现了问题，也会对主播的个人品牌造成打击。

晶晶在淘宝经营着一家化妆品店，并且每天都通过直播销售的形式销售商品。经过两年多的经营，晶晶的店铺已经拥有了20余万名粉丝，而晶晶也建立了"晶晶推荐，质量看得见"的标签。晶晶每次直播时都会有众多新老粉丝前去观看，许多粉丝都十分信赖晶晶店铺的商品。

最近，晶晶的店铺经营却发生了意外。原来，在某一天的直播中，晶晶向粉丝推荐了店铺新上的一款粉底液，并讲明其特点就是不脱妆，经过晶晶的热情推荐，许多粉丝都纷纷下单买了该粉底液。

然而这些粉丝在使用这款粉底液的时候却发现粉底液的效果并不好，在使用粉底液一个小时左右后就会出现脱妆的现象，这和晶晶推销时讲的不脱妆大相径庭。在了解了这款粉底液易脱妆的问题后，许多粉丝纷纷在晶晶的店铺中留下差评，甚至有一些粉丝表示再也不会买晶晶店铺的商品了。

得知这些情况后，晶晶连忙在第一时间对这些粉丝进行了退款处理，并将处理结果及道歉声明发布在微博上。同时，晶晶还专门开了一次直播，对粉丝表达了歉意，表示除了对粉丝做出补偿，店铺也会及时下架这款粉底液。虽然晶晶及时地对这件事情进行了处理，但是这件事情还是对晶晶的声誉造成了很大的影响，晶晶的直播间也因此减少了几万名粉丝。

更为严重的是，经此一事，晶晶再也不能用"晶晶推荐，质量看得见"的标语为自己贴标签了，晶晶个人品牌的建立受到了严重的打击。

对主播而言，保证商品的质量是建立个人品牌的基础，如果主播难以保证商品的质量，那么个人品牌也就没有生根发芽的土壤。同时，如果商品的质量没有保证，主播直播内容的质量也就无从谈起了。因此，要想成功地打造个人品牌，主播必须要严把商品的质量关，对于店铺新上的每一件商品，主播都要进行质量检测，同时，在进行直播之前，主播也要通过试吃、试穿、试用商品等来切实地感受商品的质量和功效。只有保证了商品的质量，主播个人品牌的建立才会有根基。

13.2.2　打造自身专业性：建立个人品牌的有力武器

除了产品的质量有保证，主播还要打造自身的专业性。一般来说，能够充分体现专业性的内容比较受欢迎，对主播来说，内容输出是打造个人品牌的有效手段，为了保证输出的专业性，主播就必须不断学习专业知识。

当主播具备了专业性，其所输出的内容就会带有一定的个人特色，在如今这个追求差异的时代，别具一格、推陈出新的内容才会给粉丝留下更加深刻的印象，而这也将推动主播个人品牌的打造。

那么，主播应如何打造自身专业性？

首先，主播需要对自己店铺和商品有清晰的认知。店铺的定位是什么，受众有哪些，店铺的明星商品是什么，以及不同的商品有哪些不同的特点，这些都是主播需要仔细研究的问题。

其次，除了了解自己的店铺和商品，主播还要掌握与商品有关的知识。比如，主播销售的是化妆品，除了了解化妆品的功效，主播还要掌握一定的化妆技巧。如果主播销售的是服装，那么除了向粉丝展示服装的特点，主播还要掌握不同服装的穿搭、清洗小技巧等。

在输出内容的过程中，主播的专业性是保证输出内容质量的必要条件。因此，对于想要打造个人品牌的主播来说，夯实自己的专业知识是非常有必要的。当粉丝知道主播是领域内的"小专家"后，自然而然就会在心底产生一种信任感，而这种信任感也会延伸到主播的商品之上。

13.2.3　持续输出：强化个人品牌的必要手段

在衡量内容质量的标准中，专业性是十分重要的。纵观李佳琦、薇娅等知名主播输出的内容，全都带有非常浓厚的专业色彩，但输出专业性内容并不是一件简单的事情，主要体现在如下3个方面。

首先，专业储备枯竭是大多数主播面临的问题。无论主播专业能力有多强，如果不及时"充电"，也总会有江郎才尽的一天。实际上，在进行内容输出最开始的阶段，很多主播都可以输出大量的高质量内容，但只要把专业储备用完就会立刻出现断档，这会对个人品牌的打造产生严重影响。

其次，没有灵感也是一个巨大的挑战。灵感是不稳定的，很可能会在不经意间突然出现，但也有可能主播苦思冥想依旧没有灵感。如果主播遇到没有灵感的情况，可能就会难以输出高质量的内容。

最后，主播的专业知识缺乏系统性。随着时间的推移，主播的内容输出会进入另外一个阶段，即内容的碎片化越来越严重，导致内容输出缺乏系统性。而对于缺乏系统性的内容而言，其质量也难以保证。

那么，要想避免上述现象的出现，主播应该采取什么样的策略？主播必须要搜集海量的主题，不断提升自己的专业性。

搜集主题会为主播打造竞争优势。假设某主播搜集了大量主题，就可以为大量的内容输出提供坚实保障，但另一位主播搜集的主题较为匮乏，久而久之，两位主播的差距就会变得越来越大。因此，为了保证输出内容的质量，主播需要不断地搜集好的主题。

任何领域都会有与之相对应的素材，这些素材具有非常明显的专业性，而且其中有一部分素材是动态的，需要主播实时更新。因此，主播建立素材库可以依据其中不断更新的专业知识提升输出内容的专业性，从而深化个人品牌。

专业性成就高质量内容。主播必须有与产品同步的专业性，然后通过内容输出来展现专业性，还要保证专业内容输出的持续性，这样才有利于个人品牌的建立和传播。

13.3　个人品牌营销

对主播而言，个人品牌的打造只是必要的前提，要想让个人品牌发挥作用，推动销售额的提高，主播还要做好个人品牌的营销工作。在进行个人品牌营销时，主播要借助社交平台的力量，还要了解粉丝的需求，同时在营销时也需要把握好时间和节点。

13.3.1　社交平台互动：深化个人品牌推广力度

在打造好个人品牌之后，主播还需要做好个人品牌的营销，让更多的人了解主播，成为主播的粉丝，为直播间吸引更多的流量。直播间是主播与粉丝进行互动、吸引新粉丝的一个窗口，但如果主播想要进一步推广自己，为直播间吸引更多的流量，就需要充分发挥社交平台的力量。

社交平台能够为主播提供多样的互动形式，无论是朋友圈里的点赞评论、微博上的分享转发，还是微信群、QQ群里的话题讨论，都是互动的有效形式。

在当下这个社交媒体崛起的时代，主播个人品牌的打造和营销都少不了与粉丝互动。主播为了能够深入粉丝内心，建立信任优势，纷纷涌入微博、微信、QQ、贴吧等社交媒体中，但主播的互动并不一定是有效的，这需要主播掌握与粉丝互动的技巧，具体包括3个方面，如图13-3所示。

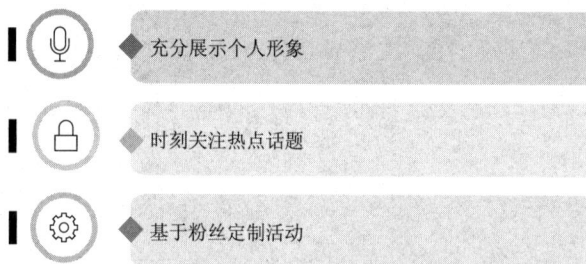

图13-3 与粉丝互动的3个技巧

1. 充分展示个人形象

在与粉丝进行互动时，主播要注意个人形象的展示，例如，当主播身上已经有了"穿搭小能手""仿妆高手"等标签时，在与粉丝进行互动的过程中，主播需要抓住机会展现自己的优势，深化粉丝对于自己的认知。

2. 时刻关注热点话题

主播在与粉丝进行互动时，要时刻关注热点话题。借助热点话题，在社交媒体中巧妙植入与热点有关的信息，能够引起广大粉丝的关注和转发，有利于达到"口碑炸裂"的效果。

当电视剧《庆余年》热播时，主播年年就在微博上发布了《庆余年》女主林婉儿的仿妆教程。由于正值《庆余年》热播，该微博立刻引起了众多粉丝的评论和转发，许多粉丝都对年年的化妆技术惊叹不已，而年年也通过回复粉丝评论与粉丝进行了良好的互动。

年年通过发布该仿妆教程，不仅借热点与粉丝进行了积极的互动，还吸引了更多的新粉丝。通过这次互动，年年"仿妆高手"的名声得到了推广，其个人品牌也得到了进一步的深化，而这也最终带动了年年直播间化妆品销量的上升。

3. 基于粉丝定制活动

想要针对粉丝营销个人品牌，定制化的活动就必须要有，这样才会激起粉丝互动的热情，加深粉丝对主播的认知。在借助社交平台开展活动时，主播需要把握粉丝的需求，比如，主播可以在微博上设置转发抽奖的活动，而活动的奖品就可以是店铺中好评最多的"明星商品"。

总之，在与粉丝互动的过程中，社交媒体绝对是一个必不可少的工具。如果利用好这一工具，那么不仅可以挖掘并满足粉丝的核心需求，还可以优化品牌和主播的形象，使主播的个人品牌更加稳固并扩大其影响力。

13.3.2　从粉丝出发：抓住粉丝目光

营销的终极法宝是抓住粉丝的目光，为了进一步优化营销的效果，主播需要了解粉丝的特点，如图13-4所示。

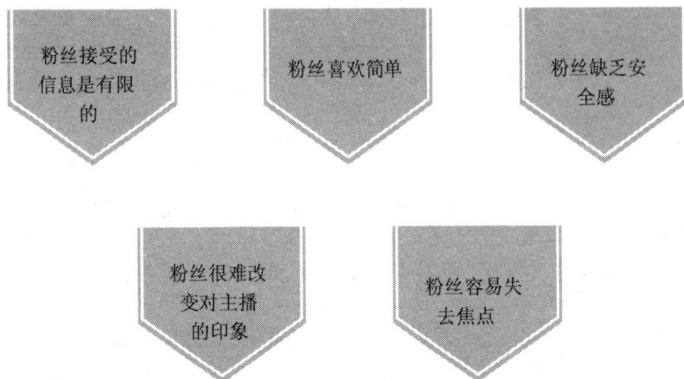

图13-4　粉丝的特点

1. 粉丝接受的信息是有限的

在信息爆炸的当下，粉丝只愿意接受自己感兴趣的信息。在面对大量的主播时，粉丝只会记住其中极少的一部分。因此，主播要打造自身差异性，就必须抓住粉丝的目光。

2. 粉丝喜欢简单

粉丝每天要接触大量的信息，精炼明了的内容更有吸引力。因此，主播在进行个人品牌营销时，要做到突出核心优势，展现最优亮点。

3. 粉丝缺乏安全感

由于粉丝在购买商品时会面临诸多风险，所以他们会十分缺乏安全感。大多数粉丝更愿意选择其他粉丝购买过且广受好评的商品。

4. 粉丝很难改变对主播的印象

粉丝对一名主播的印象自形成后就很难改变，因此，若一开始主播打造的个人品牌不够突出或产生了某些负面影响，再让粉丝改观是非常困难的。

5. 粉丝容易失去焦点

粉丝容易失去焦点，当某个领域涌入了太多的主播，或者主播身上有太多的标签时，都会让粉丝对这个主播的印象模糊。

在了解了粉丝的上述特点之后，主播必须要抓住自己的个性和差异性进行个人品牌营销，只有个人品牌的特色够鲜明，主播才会获得更多粉丝的关注。

目前，除了同质化程度越来越高，个性化消费也让营销场景发生了改变。在这种情况下，如果无法抓住粉丝目光，主播就无法顺利地实现个人品牌营销。主播对粉丝进行全面分析，并提炼出差异化的粉丝需求，充分满足粉丝的需求痛点，赢得粉丝的主动关注，才可以达到更好的个人品牌营销效果。

13.3.3　紧扣时间和节点要素

让个人品牌营销发挥最大效能的第一个办法是抓住时机、巧借热点，重点就在于巧借热点。热点就是近期发生并且具有很大影响力的事件。在进行个人品牌营销的过程中，热点能够为主播带来广泛的关注。

当下是一个信息爆炸但碎片化非常严重的时代。主播必须具有非常敏锐的眼光，能够洞察热点并抓住时机，还需要懂得顺应大环境，搭上热点的"顺风车"，为自己增加影响力。

微信曾为了造势推出过一个付费看朋友圈照片的红包照片功能。当时支付宝和春晚达成了合作，微信为了给自己造势，就开发了红包功能来吸引用户关注，提高用户对微信红包的黏性。

当时，有借势红包照片出了文章的，有借势宣传品牌的，而知乎就借势做了一个产品——值乎，并在当时刷爆朋友圈。

用户可以在值乎上发布信息，将信息隐藏，可以为信息设定价值，别人必须付费才能看到信息。在值乎里面，知识可以变现，这就借了红包照片的势。值乎的成功与抢占时间节点借势促销有密切的关系。

无论是产品营销还是个人品牌营销，抢占时间节点都是成功的关键，那么在借热点营销上有哪些节点？

1. 热点发生前12小时内

在这个时期，主播可以做一些准备工作，有些热点是可以预料的，在12小时之内，能做很多事情。

2. 热点发生后1小时内

这是借势促销的黄金时期，如果能在这个时期发出海报，那么肯定会有无数的用户进行转发，因为用户需要转发与热点相关的信息来表达自己的想法。热点期的借势促销越快速，产生的营销效果越好。

3. 热点发生后6小时内

虽然此时热点已过去了很久，但还是可以利用创意再进行一波营销，做得足够好就有机会出奇制胜，这个时期的关键就在于创意。

4. 热点发生后6~12小时内

在这个时期进行借势促销就很困难了，因为这时创意已经不够用了，还要有强大的资源支持，这对主播的要求是十分严格的。

5. 热点发生后12~24小时内

在这个时期基本没有做借势促销的必要了，热点已经成为过去式，创新也层出不穷，借势促销的效果也将不复存在。

因此，在个人品牌借势促销的过程中，一定要抓住时机，紧扣时间节点，在每个时间节点做好应做的工作才能够为个人品牌极致赋能。

13.3.4 销售达人：让自己成为粉丝买单的风向标

"哈喽各位铲屎官，冬天就要来了，快为心爱的主子换上温暖的衣服吧！"早上9点，琪琪的直播间刚刚开播，就吸引了大批粉丝进入直播间。由于今天是立冬，琪琪就以"冬季新款"为主题为各位粉丝介绍店铺新上的宠物服装。

在两个小时的直播中，琪琪展示了40余种宠物服装，包括各种日常服装、驱虫服等，同时还包括领结、帽子等装饰品。每次琪琪介绍完一种商品并放上链接后，都会引发粉丝的购物热潮。而琪琪在直播中介绍的许多服装都成了店铺销售的爆款。那么，琪琪是如何做到"销售达人"的？

身为主播的琪琪也是一名资深的"铲屎官"，她养了两只乖巧的奶牛猫，而在她开起网店，做起直播销售之后，两只奶牛猫也尽职尽责地承担起了模特的责任。在做"铲屎官"的这几年里，琪琪积累了大量的养宠物的经验，同时她也热衷于为猫咪装扮。

在进行直播的过程中，琪琪会着重介绍这些衣服的质量，并表示自己的猫咪也在穿这些衣服，这为琪琪吸引了不少粉丝。同时，在介绍商品时，琪琪也会介绍不同衣服有趣的穿搭及衣服的清洗事项等。此外，在直播的过程中，琪琪会积极地与粉丝进行互动，一些粉丝会问一些养猫咪过程中的注意事项等，对这些问题琪琪都会耐心地回答。

长此以往，琪琪的直播间积累了20余万名粉丝，许多粉丝都知道这位"资深铲屎官"，同时也知道她有两只乖巧的奶牛猫。

2019年10月，网红猫"点点"爆红网络，而随后琪琪在直播间也为粉丝送出了惊喜："哈喽各位铲屎官，今天我们有一位新朋友来到了直播间哦。"粉丝发现这位新朋友就是"点点"。在这次直播中，除了直播间的固定模特——两只奶牛猫，"点点"这位不太配合的模特也穿上了店铺的新品衣服，这款衣服无疑就成了本次直播的爆款商品。

这次直播不仅拉动了琪琪店铺的销量，同时也使得更多的人了解了这位"资深的铲屎官"，琪琪的直播间在短短一周之内上涨了5万名粉丝。琪琪又借机在直播间、微博、微信等平台上进行了多次宣传，开办了各种活动，进一步宣传了自己的个人品牌。

现在的琪琪俨然已经成了"销售达人"，在每次直播销售中，琪琪重点介绍的商品必然会是当天直播间的销售冠军商品。琪琪通过个人标签的建立、个人品牌的宣传推广成功成为粉丝买单的风向标。

对主播而言也是如此，主播需要严把商品质量、展示自身专业技能、为自己打造个性标签，同时结合热点不断宣传自己。只有通过这样的方式建立起个人品牌并不断推广个人品牌，主播才能够引导粉丝的选择，成为粉丝买单的风向标。

读者意见反馈表

亲爱的读者：

感谢您对中国铁道出版社有限公司的支持，您的建议是我们不断改进工作的信息来源，您的需求是我们不断开拓创新的基础。为了更好地服务读者，出版更多的精品图书，希望您能在百忙之中抽出时间填写这份意见反馈表发给我们。随书纸制表格请在填好后剪下寄到：北京市西城区右安门西街8号中国铁道出版社有限公司大众出版中心 吕芟 收（邮编：100054）。此外，读者也可以直接通过电子邮件把意见反馈给我们，E-mail地址是：lvwen920@126.com。我们将选出意见中肯的热心读者，赠送本社的其他图书作为奖励。同时，我们将充分考虑您的意见和建议，并尽可能地给您满意的答复。谢谢！

- -

所购书名：_____

个人资料：

姓名：_____ 性别：_____ 年龄：_____ 文化程度：_____

职业：_____ 电话：_____ E-mail：_____

通信地址：_____ 邮编：_____

- -

您是如何得知本书的：

□书店宣传 □网络宣传 □展会促销 □出版社图书目录 □老师指定 □杂志、报纸等的介绍 □别人推荐
□其他（请指明）_____

您从何处得到本书的：

□书店 □邮购 □商场、超市等卖场 □图书销售的网站 □培训学校 □其他

影响您购买本书的因素（可多选）：

□内容实用 □价格合理 □装帧设计精美 □带多媒体教学光盘 □优惠促销 □书评广告 □出版社知名度
□作者名气 □工作、生活和学习的需要 □其他

您对本书封面设计的满意程度：

□很满意 □比较满意 □一般 □不满意 □改进建议

您对本书的总体满意程度：

从文字的角度 □很满意 □比较满意 □一般 □不满意
从技术的角度 □很满意 □比较满意 □一般 □不满意

您希望书中图的比例是多少：

□少量的图片辅以大量的文字 □图文比例相当 □大量的图片辅以少量的文字

您希望本书的定价是多少：

本书最令您满意的是：

1.

2.

您在使用本书时遇到哪些困难：

1.

2.

您希望本书在哪些方面进行改进：

1.

2.

您需要购买哪些方面的图书？对我社现有图书有什么好的建议？

您更喜欢阅读哪些类型和层次的经管类书籍（可多选）？

□入门类 □精通类 □综合类 □问答类 □图解类 □查询手册类 □实例教程类

您在学习计算机的过程中有什么困难？

您的其他要求：